Sabine Asgodom • So coache ich

Sabine
Asgodom

So coache ich

25 überraschende Impulse,
mit denen Sie
erfolgreicher werden

Kösel

MIX
Papier aus verantwortungsvollen Quellen
FSC® C014496

Verlagsgruppe Random House FSC-DEU-0100
Das für dieses Buch verwendete FSC®-zertifizierte Papier
Classic 95 liefert Stora Enso, Finnland.

Umschlag: Weiss Werkstatt, München
Umschlagfoto: Susanne Krauss, München, www.susanne-krauss.de
Druck und Bindung: GGP Media GmbH, Pößneck
Printed in Germany
ISBN 978-3-466-30935-1

www.koesel.de

Inhalt

Einleitung: Coaching-Impulse 7

Lösungsorientiertes Kurzcoaching in der Praxis 10

Mein Weg zum Coachen 15

Wie geht eigentlich Coachen? 19

Der innere Coach: Wer mit sich selbst spricht, kommt weiter 28

Denken ist toll, Handeln ist besser 32

Veränderung in fünf Minuten? 39

Acht Prinzipien des Coachens 43

Test: Sind Sie ein guter Coach? 58

Lösungen mit Methode 61

Die LOKC-Strategie 1: Lösungen finden – aber die eigenen! 64

Die LOKC-Strategie 2: Orientierung bieten – Perspektiven machen froh! 72

Die LOKC-Strategie 3: In der Kürze liegt die Würze 77

25 Coaching-Impulse 85

1. Das Alternativrad 85
2. Die Kamelpfad-Strategie 92
3. Die Feenfrage 97
4. Der Küchentisch-Überblick 102
5. Die Madonna-Methode 108
6. Das Ärgermanagement 113
7. Das Motivationsraster 117

8. Die Ja-aber-Technik 125
9. Die Fehlersonne 131
10. Die Happy Hour 138
11. Das 3-Millionen-Euro-Spiel 143
12. Die 7-A-Methode 147
13. Die Wer-führt-Frage 148
14. Die Visionsreise 153
15. Das Puzzle-Leben 156
16. Der Schwarmintelligenz-Kick 160
17. Die Stärkenanalyse 164
18. Die Lebenswunsch-Liste 170
19. Die aktive Gedankenhygiene 174
20. Der Perspektivwechsel 176
21. Die Glückskurve 180
22. Der Dreisprung zur Veränderung 185
23. Der Ich-bin-doch-nicht-blöd-Ausweg 188
24. Die Akzeptanz-Kraft 192
25. Die Mini-Mäuseschritt-Technik 196
Jetzt wissen Sie, wie ich coache 198

Führungskräfte als Coaches: Mut zur Menschlichkeit 199
Vom Kritiker zum Coach 202
Vom »Push« zum »Pull« 208

Möchten Sie selbst Coach werden? 213

Hinweise für professionelle Coaches 215

Dankbarkeit macht glücklich 217

Literaturhinweise 219

Einleitung: Coaching-Impulse

Liebe Leserin, lieber Leser,

So coache ich. Dieser Titel hat Sie offensichtlich neugierig gemacht. Das war der Sinn des Ganzen!

Sie erhalten in diesem Buch einen umfassenden Einblick in meine Art zu coachen. Ich öffne also quasi die Tür, hinter der sonst Coachings verborgen sind, und lasse Sie teilhaben. Ähnlich wie in meiner TV-Sendung *Sabine Asgodom*, die Sie vielleicht schon einmal gesehen haben. Darin helfe ich Gästen, innerhalb von wenigen Minuten auf gute Ideen zu kommen. Und zwar mithilfe der LOKC-Methode, dem »Lösungsorientierten Kurzcoaching«.

»Was die Therapie im 20. Jahrhundert war, wird das Coaching im 21. Jahrhundert werden.« Dieser Satz des Diplom-Psychologen Siegfried Brockert zeigt die Relevanz des Coachings an. Es ist die moderne Methode, Menschen dabei zu unterstützen, ihre eigenen Kräfte zu aktivieren, um sich selbst zu helfen und auf ganz eigene Lösungen zu kommen.

Ich gehe sogar noch ein Stück weiter: Ich werden Ihnen in diesem Buch zeigen, dass Coaching kein Privileg weniger Fachleute ist, sondern dass wir ganz viele Menschen befähigen können, sich selbst zu coachen und auch andere auf ihrem Lösungsweg zu begleiten. Sie kennen vielleicht die Leute, die beim »Guerilla-Gardening« einfach ihre Umwelt durch »wildes« Gärtnern verschönern: Grünstreifen, Kreuzungsinseln, Vorgärten. Ich möchte hier das »Guerilla-Coaching« unterstützen: Helfen Sie sich und Ihren Mitmenschen, Probleme zu lösen und Ziele zu erreichen.

Sie bekommen nicht nur ganz viele Informationen übers

Coachen und Anregungen, um Ihre eigenen Coaching-Fähigkeiten zu verbessern. Sondern ich stelle Ihnen auch die drei Strategien für Kurzcoachings sowie 25 Coaching-Impulse vor. Jeder dieser Impulse ist ein Puzzleteil meiner Coaching-Arbeit und unterstützt Sie darin, sich selbst oder andere zu coachen. Durch die vielen ausführlich beschriebenen Beispiele von Kurzzeitcoachings erhalten Sie hilfreiche Einblicke, um Ihr Leben noch mehr nach Ihren Vorstellungen zu gestalten und um Erfolg in Beruf und/oder Privatleben zu erreichen. Unter Erfolg verstehe ich übrigens nicht nur Karriere. Für mich bedeutet Erfolg schlicht, die eigenen Ziele zu verfolgen und zu erreichen – in allen Lebensbereichen. Und dabei kann Ihnen dieses Buch helfen:

- Sie werden sich Ihrer Situation und Ihrer Veränderungswünsche bewusst.
- Sie reflektieren Ihre Situation.
- Sie kommen bei Veränderungswünschen schneller auf Ideen.
- Sie entwickeln alternative Lösungen für Ihre Probleme oder Wünsche.
- Sie lernen, schneller und sicherer zu entscheiden.
- Sie entwickeln Strategien, um Ihre Ziele zu erreichen.
- Sie regen Ihre Lösungs-Fantasie an.
- Sie erkennen Umsetzungsmöglichkeiten.
- Sie finden den ersten »kleinen« Schritt.
- Sie setzen die Puzzleteile Ihres Lebens neu zusammen.

Und Sie können mit den beschriebenen Coaching-Impulsen etwas für andere Menschen tun:

- Sie können nämlich mehr sein als Zuhörer, Tröster oder Bestärker: Sie können andere aktiv auf Ideen bringen und zu ihren Zielen begleiten.

- Sie können Coaching-Impulse segensreich in Ihrer Familie, in Ihrem Freundeskreis, an Ihrem Arbeitsplatz, in Ihrem Verein, in der Nachbarschaft oder Gemeinde einbringen.

Dies alles kann Ihnen dieses Buch geben – nur eines nicht: Sie werden durch das Lesen noch kein Coach. Professionelle Coaches zeichnen sich durch besonderes Wissen, Können und Erfahrung aus. Sie können aber durchaus Lust bekommen, professioneller Coach zu werden. Auch dafür gibt es in diesem Buch ein Kapitel.

Wenn Sie selbst schon als professioneller Coach arbeiten, werden Sie durch dieses Buch neue Einblicke bekommen. Oft werden Sie sich wahrscheinlich bestärkt sehen und manchmal werden Sie auch überrascht sein. Vielleicht werden Sie in der Auseinandersetzung mit meiner Methode des »Lösungsorientierten Kurzcoachings« (LOKC) ein noch besserer Coach.

Dies ist kein Fachbuch, deshalb vermeide ich Fachbegriffe und erkläre alle Methoden in der Sprache »normaler« Menschen.

Lösungsorientiertes Kurzcoaching in der Praxis

So coache ich:

Angelika H.* (46) ist Vertriebschefin in einer norddeutschen Kleinstadt. Sie führt ein Team von sechs Außendienstmitarbeitern. Im Coaching möchte sie mit mir über berufliche Alternativen sprechen, da ihre Arbeit sie »total« frustriere. Immer wieder klagt sie über die unterschiedliche Qualität ihrer Mitarbeiter, vier Männer und zwei Frauen. Die einen seien denkfaul, die anderen unkollegial ehrgeizig und die Dritten kompliziert – immer wieder müsse sie sie »zusammenstauchen«, damit sie mehr leisteten. Mir fällt ihre harte Stimme und die abwertende Art auf, wenn sie auf ihre Mitarbeiter zu sprechen kommt. Und das stört mich zunehmend.

Zwischendurch kommt sie mit großer Begeisterung auf ihre beiden Hunde zu sprechen. Der eine, ein Rassehund, wird immer wieder einmal auf Zuchtschauen mit Preisen bedacht. Den anderen Hund habe sie vor einigen Jahren aus dem Tierheim geholt, der sei auch sehr nett, erzählt sie.

Ich greife dieses Bild auf und frage sie, ob sie den Hund aus dem Tierheim dafür verachte, dass er kein Prachtexemplar sei und man keine Auszeichnungen mit ihm gewinnen könne.

»Aber natürlich nicht«, sagt sie entrüstet. Der habe ja andere Qualitäten, der sei sehr zutraulich, verspielt, kuschle gerne und sei einfach richtig lustig. Sie lächelt versonnen.

---

* Alle Namen in diesem Buch sind abgeändert.

Ich mache Angelika auf die unterschiedliche Betrachtungsweise ihrer Mitarbeiter und ihrer Haustiere aufmerksam. »Bei den einen verachten Sie die Unterschiedlichkeit, bei den anderen schätzen Sie sie. Was fällt Ihnen dabei auf?«

»Dass ich Tiere mehr liebe als Menschen?«, fragt sie zögerlich.

»Ist es so?«, frage ich zurück.

»Ja, kann schon sein. Auf Tiere kann man sich wenigstens verlassen.«

Das wäre ein Weg zum Weiterfragen: »Warum haben Menschen Sie enttäuscht?« »Leben Sie deswegen allein?« Sehr schnell kämen wir damit in die Psycho-Ecke. Aber diesen Weg gehe ich nicht mit ihr, denn es gibt eine konkrete Aufgabenstellung des vereinbarten vierstündigen Coachings - und die lautet »Berufliche Zufriedenheit«. Deshalb möchte ich auf etwas anderes hinaus. Ich gebe uns eine halbe Stunde, um etwas aus ihrer Hundeliebe und Menschenskepsis zu machen, was zu mehr Jobzufriedenheit führen könnte.

»Wenn Sie Ihre Mitarbeiter mit Hunden vergleichen würden, wie würden Sie jeden von ihnen beschreiben? Und was würden Sie an jedem dieser Hunde mögen?«

Sie lacht. Ja, diese Übung macht ihr Spaß.

»Also, der Heiner ist ein ganz normaler Straßenköter. Nicht besonders attraktiv, aber auf allen Straßen zu Hause. Der konnte sich in allen Situationen durchbeißen, auch wenn er jetzt ein bisschen alt geworden ist. Der hat schon viel erlebt, manchen Kampf bestanden. Manchmal fehlt ihm jetzt der aggressive Biss.«

Aus ihrer Beschreibung spricht Wertschätzung und Kritik. Ich konzentriere mich auf die Wertschätzung. Deshalb frage ich sie: »Was mögen Sie an ihm?«

»Heiner kann ich zu den schwierigsten Kunden schicken. Mit seiner Erfahrung und seiner Gelassenheit wirkt er sehr vertrauenswürdig. Er ist schon seit über 20 Jahren im Team.«

Ihre Stimme ist jetzt sehr viel weicher als vorher: »Von seiner Erfahrung könnten die anderen viel profitieren.«

»Okay, der Nächste?«

»Jutta ist eine hoch talentierte, aber sehr nervöse Hündin. Sie hat zwei Junge, um die sie ständig herumwieselt. Sie ist deshalb oft sehr abgelenkt. Immer wieder müssen wir wegen der Kleinen, also wegen der Welpen, Rücksicht auf sie nehmen. Das nervt oft.«

»Was schätzen Sie an ihr?«

»Hm, sie hat immer wieder supergute Ideen, für Aktionen zum Beispiel. Also, sie ist sehr kreativ. Aber als Chefin macht sie mich wahnsinnig. Ständig hat sie private Termine ...«

»Was schätzen Sie an ihr?«, wiederhole ich.

»Ja, eben ihre Kreativität. Sie bringt richtig Schwung ins Team. Verlässt eingefahrene Wege, macht Dinge anders als früher und ist dabei ziemlich erfolgreich. Wenn sie nicht ...«

»Stopp!« Ich schreibe die positive Einschätzung von Jutta neben die von Heiner.

»Zur Nächsten.«

»Inken ist noch ein junger Hund. Oft noch zu verspielt. Sie muss noch viel lernen, hat aber auch Spaß daran. Wenn ich mehr Zeit hätte, würde ich sie mehr trainieren. Eine Hundeschule würde ihr richtig guttun. Also, gutes Hunde-Material, ausbaufähig ...«

»Ein zukünftiges Prachtexemplar?«

Angelika lacht. »Ja, kann ich mir durchaus vorstellen. Wenn ich mehr Zeit fürs Training mit ihr hätte. Müsste ich mir irgendwie freischaufeln ...«

»So, zum Nächsten.«

»Michael ist ein ziemlich aggressiver Hund, sagen wir mal, ein verzogener Boxer. Er beißt andere Hunde weg, lässt niemanden an sich heran. Sein Charme erschließt sich erst auf den zweiten Blick. Er versteht sich nicht besonders mit den anderen Hunden in meinem Team. Der typische Einzelgänger.«

»Was schätzen Sie an ihm?«

»Puh, der gibt nicht so leicht auf. Der bleibt dran, vor allem bei wichtigen Kunden. Der geht die Extrameile, wie man so sagt. Er lässt sich nicht so leicht abwimmeln. Und er ist überaus tüchtig. Er macht die besten Abschlüsse von allen. Eigentlich ist es doch egal, ob ihn die anderen mögen, sie sollten von ihm lernen.«

Wir brauchen eine knappe halbe Stunde, um alle sechs Mitarbeiter auf diese Art zu beschreiben. Angelika wird dabei immer lockerer, fröhlicher, ja direkt enthusiastisch. Sie lächelt, überlegt, freut sich über Formulierungen, strahlt. Offensichtlich hat sie in dieser lustigen Übung ihren Beurteilungsfokus von Negativ auf Positiv verlagern können.

Ich frage sie: »Ja, was machen wir jetzt mit all diesen unterschiedlichen Beschreibungen?«

Sie zögert. Und grinst dann. »Ich hätte richtig Lust, den Kollegen das zu erzählen, was Sie da gerade aufgeschrieben haben.«

»Um was damit zu erreichen?«

»Ich glaube, so ein ehrliches, aber wertschätzendes Urteil habe ich noch nie über sie abgegeben.«

»Wissen die Kollegen und Kolleginnen von Ihrer Hundeleidenschaft?«

»Ja, sicher. Ich habe ja alle Pokale und Urkunden im Büro.«

»Echt?«

»Ja, das weiß jeder, dass ich hundeverrückt bin.«

»Also, in welchem Rahmen könnten Sie Ihre ungewöhnlichen Beurteilungen den Kollegen mitteilen?«

Angelika überlegt etwas. »Wir machen in sechs Wochen unseren jährlichen Betriebsausflug mit der Abteilung. Das ist schon ein Ritual. In dem lockeren Rahmen könnte ich vielleicht ... Und ich könnte meine Hunde mitnehmen ...« Wieder grinst sie und nickt mit dem Kopf. »Schöne Idee.«

Wir nutzen die restliche Zeit, um berufliche Alternativen für Angelika zu entwickeln. Aber ich merke, in Gedanken ist sie immer wieder bei ihrem Team. Sie scheint plötzlich wieder Gefallen an ihrer »Meute« gefunden zu haben.

(Den Coaching-Impuls, den ich mit Angelika genutzt habe, den Perspektivwechsel, finden Sie auf Seite 176 ff. näher beschrieben.)

Mein Weg zum Coachen

Eine geschätzte Kollegin, die selbst eine der besten Coaching-Akademien in Deutschland gegründet hat und leitet, Dr. Petra Bock aus Berlin, hat mir bei unserem letzten Treffen ein sehr schönes Beispiel dafür gegeben, dass Coaching keine alleinige Ausbildungsfrage ist. Sie hat gesagt: »Denk mal dran, Menschen sind schon Ski gefahren, als es noch keine Skischulen gab.« Ja, so ist es: Menschen haben schon gecoacht, als es noch gar kein Wort dafür gab. Ja, manche Menschen können so etwas. Auch ohne Studium und Ausbildung. Weil sie ein Gespür dafür haben, wie sie anderen am besten helfen können. Weil sie sich zurücknehmen können und gelernt haben, nicht sofort zu werten, wenn sie etwas hören.

Ich selbst habe schon gecoacht, als ich noch gar nicht wusste, dass es das als Berufsbezeichnung gibt: »Coach«. Ich habe Anfang der 1990er-Jahre neben meiner Tätigkeit als Journalistin angefangen, Bücher zu schreiben und Seminare zu geben. Manchmal wurde ich von TeilnehmerInnen gefragt, ob ich auch »Einzelgespräche« anbiete.

Einzelgespräche, so nannte man das damals vor der Coaching-Ära. Ja, und dann habe ich Einzelgespräche angeboten. Und in diesen Gesprächen habe ich Menschen geholfen, zu Lösungen zu kommen. Und sie waren sehr dankbar dafür. Und haben sie umgesetzt. Das nennt man heute Coaching. Leider bin ich damals nicht auf die Idee gekommen, eine Coaching-Ausbildung daraus zu entwickeln. Aber was nicht ist ...

Weil ich damals noch gar nicht gewusst habe, dass das ein eigener Beruf ist, habe ich mir meine Methoden für diese Einzelgespräche selbst entwickelt. Als dann wenig später die ersten Coaching-Bücher auf den Markt gekommen sind, habe ich mit großen Augen festgestellt, dass die im Prinzip dieselben Methoden beschrieben haben, die ich auch angewandt habe. Nur was bei mir spielerisch »Madonna-Methode«, »3-Millionen-Euro-Spiel« oder »Glückskurve« heißt, wurde dort mit vielen Fachausdrücken beschrieben. Es wurden beispielsweise Kommunikationsregeln aufgestellt, die ich (und Sie vielleicht auch) als selbstverständlich angesehen habe. Man solle achtsam zuhören – ach, wirklich? Und gespickt wurde das Ganze sehr wissenschaftlich mit Begriffen wie »Intervention«, »Transfer«, »Ressourcen«, mit »regredieren« und »spiegeln«.

Auf einem Psychologenkongress vor rund 20 Jahren in Berlin, an dem ich als Journalistin teilgenommen habe, habe ich den ersten leibhaftigen Coach meines Lebens kennengelernt. Den Namen des Psychologen weiß ich leider nicht mehr, aber ich erinnere mich, wie fasziniert ich in seinem Workshop saß und innerlich jauchzte: »Ja, ja, so ähnlich mache ich es auch!« Er arbeitete mit bunten Holzfiguren, die er auf einem Tisch aufstellen ließ, um die Gesamtsituation aus einer gewissen Distanz anzuschauen (es war keine Familienaufstellung – ein ganz anderer Ansatz). Ich machte bereits Ähnliches mit den Playmobil-Figuren meiner Kinder. (Daraufhin ließ ich mir übrigens von einer Behindertenwerkstatt wunderschöne Holzfiguren herstellen, mit denen ich heute noch arbeite. Danke für die Anregung, Herr Kollege.)

Von dieser Zeit an nannte ich das, was ich vorher Einzelgespräche genannt hatte, auch »Einzelcoaching«. Ich denke, ich war unter den ersten Coaches in Deutschland eine der wenigen, die nicht aus der Psychologen- oder Therapeutenecke kam. Und 1993 habe ich in einem Buch schon über ein Coaching geschrieben, das ich gemacht hatte. (Da gingen einige von denen, die jetzt Kollegen ohne Coaching-Ausbildung am liebsten den Beruf verbieten würden, noch zur Schule.)

Mitte der 1990er-Jahre wurde ich einmal in einem Interview von einem Journalisten gefragt: »Frau Asgodom, was machen Sie denn, wenn der Coaching-Boom bald vorbei ist?« Und ich habe geantwortet: »Dann mache ich etwas anderes. Aber ich sehe nicht, dass der Bedarf so schnell vorbei sein wird.« Coaching ist nämlich keine Modeerscheinung. Sondern die Möglichkeit, im Gespräch mit einem anderen zu Klarheit und Entscheidungen zu kommen.

Heute soll es laut Schätzungen in Deutschland bereits zwischen 10 000 und 30 000 professionelle Coaches geben, die ihre Dienstleistung anbieten. Auch Coaching-Ausbildungen gibt es wie Sand am Meer – von höherer oder niedrigerer Qualität. Das reicht vom ein Jahr dauernden Intensivkurs bis zu einer ausschließlich schriftlichen Ausbildung, bei der jeden Monat ein Päckchen voller kopierter Infos geschickt und Hausaufgaben aufgegeben werden. Ohne eine einzige Minute Präsenz-Coaching bekommen die Teilnehmer dann nach einem schriftlichen Test die Lizenz zum Coachen. Also, die Ausbildung allein bringt's nicht. Das Wissen ist dann vielleicht da, aber nicht das Können.

Und dann gibt es verschiedene Coaching-Verbände, man kann auch sagen, verschiedene »Coaching-Schulen«, die Coaching nach ihren Vorstellungen definieren. Da gibt es eine Art »reine Lehre«, nach der der Coachee (so nennt man den Coaching-Klienten) ganz allein auf seine Lösungen kommen muss, egal, wie lange es dauert. Beratung aller Art ist dabei absolut verboten. Eine andere Richtung behauptet, Coaching dürfe man *nur* die Begleitung von Führungskräften nennen. Man sieht, Coaching ist eine junge Kunst, die ihr Profil noch finden muss.

Ich habe schon alles gecoacht: Vorstände, PolitikerInnen, Sekretärinnen, ManagerInnen, Künstler, Selbstständige, Arbeitsuchende. Es ist beglückend zu sehen, wie Menschen mit Zuwendung, Wertschätzung und anhaltender Achtsamkeit auf gute Lösungen zu bringen sind. Ich halte es bei meinem Coaching-Verständnis mit einem der Großen der Coaching-Ausbildung, Dr. Björn Migge, der Coaching im Bereich der nicht therapeutischen Beratung ansiedelt. Er schreibt: Es ist »ausdrücklich erlaubt, zu informieren, aufzuklären, zu üben, zu erziehen und Fertigkeiten zu vermitteln«*.

Warum gefällt mir das? Weil ich mich in meinen Coachings mit all meiner Erfahrung, all meinem Wissen und all meiner Intuition einbringe. Und weil ich meinen Coaching-Klienten Erfahrung und Expertise weder vorgaukle noch vorenthalte.

Ich bin von Natur aus eher schnell im Kopf, als Journalistin habe ich gelernt, nachzufragen, Dinge auf den Punkt zu bringen. Das nutze ich auch auf Bühnen, auf denen ich seit Jahren als Rednerin auftrete und manchmal »Highspeed-Coachings« anbiete. Die TeilnehmerInnen können mir dabei kurz vorher einen Zettel in die Hand drücken, auf dem sie ihren Lösungswunsch notiert haben. Ich coache sie dann in kurzer Zeit, wie sie diesen Wunsch umsetzen können. Die meisten Menschen sind bisher mit einem nützlichen Impuls von der Bühne gegangen.

---

* Björn Migge: *Handbuch Coaching und Beratung. Wirkungsvolle Modelle, kommentierte Falldarstellungen, zahlreiche Übungen*, Weinheim: Beltz, 2., überarb. Aufl. 2007

Wie geht eigentlich Coachen?

Dazu gibt es viele verschiedene Meinungen – oder nennen Sie es »Schulen«. Ich möchte deshalb vor allem von meiner Art zu coachen sprechen, also dem »Lösungsorientierten Kurzcoaching« (LOKC). Lassen Sie mich vorher dazu eine kleine Geschichte erzählen:

Ihre Nachbarin ist unzufrieden. Sie beklagt sich bei Ihnen über ihren Mann, der zu Hause fast nichts macht: »Der steht vorm offenen Kühlschrank und findet die Butter nicht.« Und über die beiden Söhne, die ihm eifrig nacheifern: »Mama, wo sind meine Fußballschuhe?« Sie beklagt sich über ihren Halbtagsjob in einer kleinen Firma, »das ist doch nichts Vernünftiges«. Sie beklagt sich über eine Kollegin, die sie »mobbt«. Und überhaupt ...

Wie lange und wie oft können Sie sich das anhören? Vielleicht reicht die Spanne von »Geh mir bloß weg« bis »Ja, sie hat ja sonst niemanden, die arme Frau«. Wenn Sie ein netter Mensch sind, hören Sie ihr immer wieder geduldig zu, nicken, stoßen unterstützende Grunzlaute aus wie »Mhm«, »Nja«, »Aha« und hoffen, dass Sie auch mal zu Wort kommen. Wenn Sie nicht ganz so nett sind, meiden Sie irgendwann jedes Zusammentreffen, denn die Nachbarin jammert ja nur und ändert nichts.

Menschen brauchen andere Menschen als verständnisvolle Zuhörer. Sie brauchen andere Menschen manchmal als Tröster, sie brauchen sie manchmal als Blitzableiter, sie brauchen sie manchmal als Klagemauer, sie brauchen sie manchmal als Mutmacher, sie brauchen sie manchmal als Ratgeber.

Und dann gibt es Situationen, da brauchen sie den anderen Menschen, um Auswege aus einer verfahrenen Situation zu finden. Oder um unbestimmte Sehnsüchte in konkrete Ziele zu verwandeln. Sie brauchen jemanden, der ihnen aus der Hilflosigkeit, der Wut oder der Ohnmacht heraushilft. Einen Menschen, der ihr Leid oder ihren Ärger, ihre Hilflosigkeit oder Orientierungslosigkeit, ihre Sehnsucht oder ihre Wünsche ernst nimmt und ihnen anbietet, sie in einem Gespräch unter vier Augen auf dem Weg zu einer Lösung der Misere zu begleiten. »Lieber Freund, ich schlage dir vor, dass wir uns mal einen Abend zusammen hinsetzen, und ich helfe dir gern dabei, mal zu überlegen, was du an deiner Situation verbessern könntest, damit du wieder zufriedener wirst.«

Das nennt man Coachen.

Ich weiß, dass mir jetzt manche Coach-Kollegen vehement widersprechen würden. »Also, Frau Asgodom, das ist doch sehr stark vereinfacht.«

Ja, das ist es. Denn ich habe dieses Buch nicht für Psychologen, Therapeuten oder Profi-Coaches, sondern für jeden Mann und jede Frau geschrieben.

Die gestrengen Kollegen würden sagen: »Das Coaching bedarf einer sorgfältigen Ausbildung mit einem psychologisch-therapeutischen oder systemischen oder einem neurolinguistisch-programmierten Hintergrund. Da dürfen Sie doch nicht Hinz und Kunz einreden, dass sie coachen könnten.«

Doch, ich kann.

Frau Hinz und Herr Kunz können durchaus sich und anderen Menschen helfen, Lösungen zu finden. Coachen ist keine Geheimmethode, in die man eingeweiht werden muss. Coaching ist keine Wissenschaft, die man über Jahre studieren muss. Coaching ist eine Kunst, die vor allem mit Aufmerksamkeit, Achtsamkeit und Mitmenschlichkeit zu tun hat.

Selbstverständlich werden dazu durchaus einige besondere Fähigkeiten verlangt:

- Spüren, worum es wirklich geht
- Reflektieren, was ist
- Bewusst werden, was mich (oder jemand anderen) drängt und/oder hindert
- Die Spielchen hinter der Geschichte erkennen (warum regt sich jemand so sehr über etwas/jemand anderen auf?)
- Alternativen für zukunftsgerichtetes Handeln entwerfen
- Perspektiven entwickeln
- Begeisterung für die eigenen Lösungen entwickeln
- Gedankliche Verknüpfungen erkennen
- Ja-aber-Ketten entwirren (»Ja, du weißt, was richtig wäre. Aber du tust es nicht.«)

Wie das im Einzelnen geht, davon handelt dieses Buch. Und noch mal ganz klar gesagt: Ich verkünde in diesem Buch nicht die ewige Wahrheit übers Coachen, sondern schildere meine Erfahrungen vor allem mit Kurzcoachings. Sie bieten die Möglichkeit, in kürzester Zeit auf Ideen zu kommen und relativ rasch umsetzbare Lösungen zu entwickeln. Und ich möchte Menschen, die ein Coaching-Talent haben – ja, das gibt es –, bestärken, etwas daraus zu machen. Die Amerikaner würden sagen »empowern«.

Meine Methode des »Lösungsorientierten Kurzcoachings« (LOKC), von mir auch populär »Highspeed-Coaching« getauft, eignet sich vor allem dafür, ganz klare Lösungswünsche blitzschnell umzusetzen. Das ist für meine eigene Arbeit sehr hilfreich, da meine Klienten meist beruflich sehr engagiert sind und nicht ewig Zeit haben, sondern zu den eher ungeduldigen und tatendurstigen Menschen gehören. Ich habe mit der LOKC-Methode bisher mehr als 700 Coaching-Klienten (meist in zwei- oder vierstündigen, seltener in achtstündigen Coachings) geholfen, die für sie richtigen Lösungen zu finden, darunter ganz konkret:

- ihren Traumjob zu finden
- Regierungsmitglied zu werden
- ihre Ehe zu retten
- Bestsellerautor zu werden
- schwierige berufliche Krisen zu meistern
- sich beruflich neu zu orientieren
- ihr Gehalt zu verdoppeln (und sogar zu verdreifachen)
- unglücklich machende Situationen ohne Aussicht auf Besserung zu verlassen
- ein Unternehmen zu gründen
- Konflikte mit ihren Eltern anzugehen
- ein Sabbatical zu nehmen und für ihre Entwicklung zu nutzen
- das Verhältnis zu KollegInnen zu verbessern
- ihre eigenen Lebenswünsche zu erkennen
- Klarheit für wichtige Entscheidungen zu schaffen
- befördert zu werden
- als Selbstständige den Umsatz erheblich zu steigern

Es geht also um wirkliche Lebensthemen, nicht um Petitessen, die trotz der Kürze zufriedenstellend besprochen werden und für die sich Lösungen finden lassen. Das Wichtigste dabei sind: eine Perspektive, ein Plan und eine positive Aktion – damit der Mensch ins Handeln kommen kann.

Das ultraschnelle Coaching tut sich natürlich schwer bei umfassenden Wünschen wie »Mein ganzes Leben müsste sich ändern«. Deshalb ist ein Teil meiner Kunst, vorher einen konkreten Veränderungswunsch herauszuarbeiten. Nach einem Vorgespräch bekommen meine Klienten einen Fragebogen, in dem sie unter anderem ihre Situation schildern, über Fähigkeiten und Wünsche reflektieren und, ganz wichtig, mir einen konkreten Coaching-Auftrag geben. Oft berichten sie mir dann im Coaching, dass allein das Ausfüllen des Fragebogens sie schon auf den Weg gebracht hätte.

So frage ich auch meine Gäste im TV-Coaching: »Wofür genau brauchen Sie eine Lösung?« Es ist klar, dass in fünf bis acht Minuten nur ein erster Ansatz für Veränderungen gegeben werden kann. Aber es ist durchaus möglich, den einen entscheidenden Impuls zu bekommen, der die Gäste weitergehen lässt.

Mein Schwerpunkt ist es, praktische Ideen für die Umsetzung zu generieren. Dabei hilft mir, dass ich nicht nur Coach bin, sondern auch Trainerin. Ich habe in den letzten 20 Jahren viele Tausend Menschen in Seminaren trainiert.* Natürlich fließen deshalb auch Trainingselemente in mein Coaching ein (genauso wie immer mehr Coaching-Elemente in die Trainings). Ich finde, sie bereichern das Coachen ganz wesentlich, da sie die Fantasie ansprechen, Bilder im Kopf entstehen lassen und Perspektiven eröffnen. Übrigens: Auch meine Ausbildung als Journalistin ist sehr hilfreich. Ich habe gelernt, Dinge sehr schnell auf den Punkt zu bringen!

Und das unterscheidet Coaching beispielsweise von vielen Psychotherapien. Sie wissen: Coaching ist keine Therapie! Es geht nicht darum, seelische Krankheiten zu behandeln oder gar zu heilen. Um das zu schaffen, gehen viele Therapeuten oft weit zurück in die Kindheit ihrer Klienten. Da gibt es Zeit und Raum, sehr viel von früher zu erzählen.

---

* »Tausende« klingt wahnsinnig übertrieben. Aber allein für ein deutsches DAX-Unternehmen mache ich seit sieben Jahren jedes Jahr fünf Seminare mit jeweils 40 TeilnehmerInnen. Schon dadurch komme ich auf 200 Teilnehmer im Jahr. Mal sieben macht schon 1.400. Und das ist nur *ein* Kunde.

Sich an alte Kränkungen zu erinnern oder an Schlüsselsituationen, die den weiteren Lebensweg bestimmt haben.

In meinen Coachings geht es um den Blick nach vorn. Oder wie der Vater der Positiven Psychologie, der amerikanische Professor Dr. Martin Seligman, sagt: »We are not driven by the past, but drawn by the future.« Also, Menschen werden nicht von der Vergangenheit getrieben, sondern von der Zukunft angezogen. Deshalb geht es im Coaching darum, nach vorn zu schauen.

Dazu ein Beispiel aus meinem TV-Coaching:

Ein sehr sympathischer Mann ist als Gast im Studio. Er möchte sich coachen lassen, weil seine Wohnung voller Sachen ist und er es nicht schafft, etwas wegzuwerfen. Er bringt ein Foto mit, auf dem man sieht, dass sich in der ansonsten gepflegten Wohnung Sachen türmen, kein Quadratmeter außer dem Bett ist frei. Er sammelt Bücher, Sachen vom Flohmarkt, von Teddybären bis Schreibmaschinen. Was möchte er von mir? »Ich möchte mal wieder jemanden zu mir einladen können. Was kann ich tun?«

Ich erkläre ihm als Erstes, dass ich keine Therapeutin bin und wir auch keine Therapie machen. Es interessiert mich im Kurzcoaching nicht, warum er das alles sammelt oder ob er als Kind zu wenig Spielzeug bekommen hat. Mein Auftrag von ihm ist, er möchte aufräumen, damit er wieder jemanden einladen kann. Ich habe mir natürlich in der Vorbereitung überlegt, was ihm helfen könnte, den Vorsatz auch umzusetzen. Ich habe verschiedene Ideen entwickelt und schau jetzt mal, was sich anbahnt.

Ich lasse ihn dann an einer Tafel sein Apartment aufzeichnen, Tisch, Schrank, Regale, noch ein Tisch, Bett, Küchenzeile ... Er erzählt, dass er Hunderte von Büchern hätte, auch in Kisten im Keller. Ich erzähle ihm, ich hätte auch viele Jahre lang Hunderte von Büchern in Kisten im Keller gehabt und könne das gut verstehen. Dann frage ich das Publikum, wer auch Aufräumbedarf in seiner Wohnung, dem Keller oder der Garage hätte: Mehr als die Hälfte hebt die Hand.

Wir lachen gemeinsam, mein erstes Ziel ist erreicht: den Gast zu entlasten. Ich möchte ihm zeigen: »Schau mal, anderen geht es ähnlich. Nein, du bist kein Messi, du bist nicht außergewöhnlich, es geht dir wie vielen anderen. Du bist okay.« Vielleicht haben die anderen mehr Platz zum Verräumen, aber er hat nur dieses eine Zimmer und einen winzigen Keller.

Sie können sich vorstellen, dass ein knackiger Rat wie »Na, dann geben Sie Ihrem Herzen mal einen Stoß und schmeißen Sie ordentlich Sachen weg« umsonst wäre. Wenn er das tun könnte, hätte er das längst getan. Deshalb möchte ich ihm eine andere Idee nahebringen. Ich frage ihn, ob er sich vorstellen könnte, nur zwei Quadratmeter seines Apartments aufzuräumen. Was er mit den Sachen macht, die dort liegen, erkläre ich, ist völlig egal, er kann sie auch woanders im Zimmer noch oben draufpacken.

Er nickt sofort, ja, das könnte ihm gefallen. Ich frage ihn, welche zwei Quadratmeter er sich dafür aussuchen würde. Er zeichnet sie spontan in seinen Zimmerplan ein. »Hier, diesen Tisch könnte ich leer räumen.« Mein Gast spürt, ja, das schafft er, das kann er leisten. Und an seinem Lächeln sehe ich, dass ihm die Vorstellung Spaß macht, seine Augen leuchten. Ich rege an, wenn er die zwei Quadratmeter geschafft hat, ob er sich dann einen weiteren vornehmen möchte. Er nickt wieder begeistert. Es macht mir immer wieder Spaß, mit Coaching-Kunden auf verblüffende Ideen zu kommen, denn die ganz normalen kennen wir meist selbst schon. Und dazu braucht es den Blick von außen, ohne ein Urteil abzugeben, um neue Impulse zu finden.

Mein Gast verspricht mir am Schluss, mir ein Foto von den aufgeräumten Quadratmetern zu schicken. Bereits eine

Woche nach der Aufzeichnung bekommen wir in der Redaktion von *Sabine Asgodom*, so heißt meine Sendung, einen Brief und das Foto von ihm: darauf der blitzblanke, aufgeräumte zwei Quadratmeter große Tisch. Mein Gast ist offensichtlich stolz darauf. Und ich bin es auch.

Ich kann bei einigen von Ihnen direkt die Denkblase über Ihrem Kopf sehen: »Ja, da hätte der doch auch alleine draufkommen können. Dafür muss man sich doch nicht coachen lassen!« Falsch. Die Lebensfreude meines Gasts war durch etwas getrübt, was er nicht in den Griff bekommen hat. Wenn er allein hätte draufkommen können, dann hätte er es gemacht. Und etwas anderes kennen Sie sicher auch: Für andere sind wir immer viel schlauer. Für uns selbst haben wir manchmal Hirnleere, wenn wir Lösungen brauchen. Aber beim Blick auf anderer Leute Probleme sprudeln die Ideen.

Deshalb ist eine Stärke des Coachings der Dialog, das Aussprechenkönnen von Dingen. Und die kluge Nachfrage. Beim Reden über etwas, das uns bewegt, diese Erfahrung haben Sie vielleicht auch schon gemacht, löst sich manchmal schon etwas von der geistigen Erstarrung. Das ist so, wie wenn wir den Kollegen fragen: »Du, sag mal, wie heißt der Schalter, der an dieser Maschine ... Ach, lass, ich hab's schon.«

Leider haben wir nicht immer einen Menschen zur Stelle, dem wir erzählen können, was wir wissen wollen. Gott sei Dank wirkt dieses Prinzip auch im inneren Dialog. Wenn Sie mit sich selbst »reden«, ist das kein Zeichen von Verwirrung, sondern äußerst klug, Sie selbst können sich helfen, Lösungen zu entwickeln. Schon der große deutsche Dichter Heinrich von Kleist wusste von der »allmählichen Verfertigung der Gedanken beim Reden« zu berichten.

Heinrich von Kleist (1805):

Über die allmähliche Verfertigung der Gedanken beim Reden

Wenn du etwas wissen willst und es durch Meditation nicht finden kannst, so rate ich dir, mein lieber, sinnreicher Freund, mit dem nächsten Bekannten, der dir aufstößt, darüber zu sprechen. Es braucht nicht eben ein scharf denkender Kopf zu sein, auch meine ich es nicht so, als ob du ihn darum befragen solltest: nein! Vielmehr sollst du es ihm selber allererst erzählen. Ich sehe dich zwar große Augen machen und mir antworten, man habe dir in früheren Jahren den Rat gegeben, von nichts zu sprechen als nur von Dingen, die du bereits verstehst. Damals aber sprachst du wahrscheinlich mit dem Vorwitz, *andere*, ich will, dass du aus der verständigen Absicht sprechest, *dich* zu belehren, und so können, für verschiedene Fälle verschieden, beide Klugheitsregeln vielleicht gut nebeneinander bestehen.

Der innere Coach: Wer mit sich selbst spricht, kommt weiter

Vielleicht haben Sie schon einmal den Begriff »Selbstcoaching« gehört. Er bedeutet: Hilf dir selbst, dir durch mehrfaches Nachfragen selbst auf die Schliche zu kommen, dir also im »inneren Dialog« den Weg zu einer klaren Entscheidung zu öffnen. Mit dem inneren Dialog meine ich die Kunst, mit sich selbst ins Gespräch zu kommen. Das heißt als Erstes, unbestimmtes Unbehagen, Sehnsüchte oder andere Gefühle in konkrete Gedanken zu verwandeln und sie zu formulieren, wie: »Ich brauche jetzt sofort was zu essen«.

Wenn Sie diesen Gedanken gefasst haben, kann Ihr innerer Coach in Aktion treten. Der fragt nämlich einfach nach: »Warum musst du sofort etwas essen?«

Und Sie antworten sich: »Ich habe schlechte Laune, weil mich der Nachbar gerade wieder so blöd wegen meines Fahrrads im Hausflur angeredet hat.«

Der innere Coach fragt: »Warum hast du deshalb schlechte Laune?« Oder: »Was genau an der Bemerkung des Nachbarn hat dich so verstimmt?«

Dann antworten Sie sich wieder mit dem nächsten Detail, etwa: »Ich mag nicht von so einem Kerl zurechtgewiesen werden ...«

Der innere Coach: »Hat er denn recht?«

»Ja, wo soll ich denn das blöde Fahrrad sonst hinstellen?«

»Brauchst du dafür eine Lösung?«

»Mhm.«

So ein Dialog mit sich selbst erscheint Ihnen am Anfang vielleicht etwas albern, vor allem wenn Sie gelernt haben:

»Wer mit sich selbst spricht, hat nicht mehr alle.« Das Gegenteil ist richtig. Wer mit sich selbst spricht und dabei auch noch zuhört, lernt sich besser zu verstehen: Warum tue ich das – oder tue ich etwas nicht? Warum regt mich das so auf? Warum reagiere ich so oder so?

> **Es** wird immer gleich ein wenig anders, wenn man es ausspricht.
> *Hermann Hesse*

Dieser innere Dialog, oder dieses Selbstcoaching, kann Ihnen helfen, Ihre Gefühle zu erkennen und zu verstehen. Es kann Ihnen auch helfen, auf Ideen zu kommen, was Sie verändern könnten. Und es kann Ihnen helfen, ganz konkrete Entscheidungen zu treffen.

Auch hierfür ein Beispiel:

»Eigentlich möchte ich nicht zu Tante Christas Geburtstag gehen.«

»Warum willst du nicht?«

»Ich habe keine Lust, immer die gleichen langweiligen Gespräche.«

»Warum sagst du dann nicht ab?«

»Kann ich doch nicht.«

»Warum nicht?«

»Das macht man doch nicht.«

»Warum macht man das nicht?«

»Tante Christa wäre enttäuscht und die Familie würde über mich reden.«

»Okay, dann geh hin.«

»Aber ich habe keine Lust.«

»Was müsste sich ändern, damit du dich absagen traust?«

»Ich müsste vorher mit Tante Christa sprechen und ihr sagen, dass ich diesmal leider nicht kommen kann. Und dass ich sie sehr lieb habe, aber es passt diesmal einfach nicht.«

»Wird sie es verstehen?«
»Na ja, ich denke schon.«
»Und was ist mit dem dummen Gerede der Familie?«
»Das hört schon wieder auf.«
»Wann wirst du die Tante anrufen?«
»Morgen vielleicht.«
»Warum nicht heute?«
»Okay, ich mach's gleich.«
»Und vergiss nicht, ihr Blumen zu schicken. Am besten ein paar Tage vor dem Fest.«
»Gute Idee.«

Das klingt sehr vereinfacht? Ja klar, ist ja nur ein Beispiel. Übrigens: Auch wenn der innere Dialog zum Ergebnis gekommen wäre: »Nein, ich muss wirklich zum Geburtstag gehen«, dann wäre es trotzdem, nach einer kurzen Abwägung, eine klare Entscheidung geworden: »Okay, ich bleibe zwei Stunden und dann gehe ich wieder.«

Das ist auf jeden Fall besser als »Eigentlich will ich gar nicht ...« und ein gequältes Gesicht auf der Feier. Die Fragen Ihres inneren Coachs schaffen Klarheit. Und Klarheit schafft Harmonie, sagt man. Es gibt immer zwei Perspektiven für Veränderungen: Ich verändere etwas an der Situation oder ich verändere meine Einstellung.

Wenn Sie dieses Buch gelesen haben werden, können Sie sich zusätzlich zu Ihren eigenen Fragen denken: »Was würde Frau Asgodom mich jetzt fragen?« Und: »Wäre sie mit dieser Antwort zufrieden oder würde sie weiter nachfragen?« »Und wenn ja, was wäre die nächste Frage?« Oder Sie schauen sich die Coaching-Impulse an, die ich Ihnen nachher vorstellen werde, und überlegen: »Welcher bringt mich jetzt weiter?«

Ich bewundere seit Langem das Montessori-Prinzip »Hilf mir, es selbst zu tun«, mit dem Kinder im Kindergarten zur

Eigeninitiative und zum Ausprobieren gebracht werden. »Hilf mir, es selbst zu tun« könnte durchaus das Motto für dieses Buch - und auch für jedes Coaching - sein. Sag mir nicht, was ich tun soll - sondern hilf mir, selbst auf eine Lösung zu kommen.

Merken Sie es? Kurz und möglichst einfach ist mein Motto. So wie in meiner Sendung, an deren Schluss ich immer meinen Merksatz stelle: »Mach's *einfach*, aber *mach's* einfach!«

Denken ist toll, Handeln ist besser

Thema Umsetzung: Als erwachsene Menschen können die Coaching-Kunden die beschlossenen Aufgaben sehr gut allein umsetzen. Ich traue ihnen da viel zu. Manchmal bestärkt es aber den Wunsch, etwas zu verändern, wenn ich mit ihnen einen Termin vereinbare, bis wann sie es tun werden, oder wenn ich sie bitte, mir danach eine Mail zu schicken oder ein Foto. In Seminaren empfehle ich Menschen, die ich kurz gecoacht habe, sich für ihr Vorhaben einen Paten unter den TeilnehmerInnen auszuwählen, der sie anrufen soll, ob sie es auch wirklich umgesetzt haben. Wir können unseren eigenen Entscheidungen manchmal ein Schnippchen schlagen, und dann hilft es, wenn jemand nachfragt: »Hast du schon …?«

Ich gestehe meinen Coaching-Kunden übrigens genauso zu, dass sie die gefassten Entscheidungen nicht umsetzen. Dann lassen sie es eben! Für mich gehört zum Erwachsensein auch, Erkenntnisse zu haben und trotzdem gegen sie zu verstoßen. (Haben Sie gewusst, dass Zigaretten schädlich sind und Zucker dick macht? Na, sehen Sie.) Jeder Mensch darf selbst entscheiden, ob er etwas verändert oder nicht. Aber die Möglichkeiten und den Preis der Entscheidungen sollte er kennen, das ist meine Überzeugung. Das führt zumindest aus dem Jammertal heraus, in dem viele Menschen gefangen sind. Und jammern heißt immer, die Handlungsfreiheit aufzugeben.

Und auch wenn Kunden für die Umsetzung mehr Zeit brauchen, als sie gedacht hätten – die Lebensperspektive der Veränderung (»Ich kann etwas für mein Wohlbefinden tun, auch wenn jetzt noch nicht der Moment ist«) nehmen sie mit. Erst neulich habe ich mich über einen Brief einer Frau gefreut, die schrieb:

»Ich weiß nicht, ob Sie sich erinnern. Vor drei Jahren habe ich mich im Coaching bei Ihnen entschlossen, mich selbstständig zu machen. Dann ist ganz viel dazwischengekommen, auch in der Familie. Aber jetzt ist es so weit. Ab dem nächsten 1. habe ich meine eigene Firma.«

Warum braucht man überhaupt einen professionellen Coach, der auch noch viel Geld kostet?

Da muss ich ein wenig ausholen. Lassen Sie mich es anhand eines Beispiels aus dem Sport erklären. Coaching kommt ja ursprünglich aus dem Sport. Der Coach ist der Trainer oder die Trainerin eines Sportlers oder eines Teams. Nehmen wir mal Fußball. (Wissen Sie, dass ich geprüfte Fußballschiedsrichterin bin?)

Nun gibt es Fußballmannschaften auf verschiedenen Leistungsebenen. Die kleinsten FußballerInnen beginnen im Bambini-Alter, also mit vier, fünf Jahren. Dann kommen die verschiedenen Jugendmannschaften von der F-Jugend, der sogenannten »Pampers-Liga«, bis zur A-Jugend. Danach kommen die Erwachsenenmannschaften, die in verschiedenen Klassen spielen, von der Kreisliga bis zur Bundesliga. Die Allerbesten spielen in der Champions League.

Kein Mensch würde annehmen, dass die Mutter eines fünfjährigen kleinen Jungen ohne Ausbildung und Erfahrung die deutsche Fußballnationalmannschaft (egal, ob Männer oder Frauen) trainieren könnte. Aber die Mannschaft ihres kleinen Max und seiner Freunde in ihrem Heimatdorf, die kann sie trainieren. Schauen Sie einfach mal an Ihrem nächstliegenden Fußballplatz vorbei! Sie sehen solche AmateurtrainerInnen überall. Und das ist gut so.

Die Mutter oder ein engagierter Papa, der das Gleiche tut, wird dabei von erfahrenen, guten Trainern unterstützt. Auf der Internetseite des Deutschen Fußball-Bundes (DFB) gibt es super Trainingsanleitungen für Amateurtrainer von Jugendmannschaften von Bambini bis zur A-Jugend (www.training-wissen.dfb.de). Warum tut der DFB das? Weil er weiß, dass die Anlagen eines guten Fußballers/einer guten Fußballerin in der frühen Kindheit gelegt oder erkannt werden. Und dass die talentierten Kinder gefördert werden. Und damit die Amateurtrainer keine kleinen bissigen Kampfmaschinen oder wehleidige Memmen heranziehen, zeigt man ihnen in Wort und Bild, worauf sie achten sollten. So können sie dem Fußballnachwuchs Grundkenntnisse beibringen, die Freude an Bewegung stärken und vielleicht sogar ein bisschen Spielwitz zeigen. Das heißt, man macht die Amateurtrainer methodensicher.

Und genauso sehe ich das beim Coaching. Statt Coaching zu einer Geheimwissenschaft weniger (vielleicht sogar nur ausgebildeter Psychologen) zu machen, sollten wir die hilfreiche Wirkung vielen Menschen zugutekommen lassen. Und das möchte ich mit diesem Buch für Sie leisten.

Stellen Sie sich vor, da sind Menschen, die mögen andere Menschen, interessieren sich für andere Menschen, engagieren sich für andere Menschen. Und wie fantastisch wäre es, wenn diese Menschen, die ein Talent für Menschen haben, nun auch noch den Geist des Coachings und einige praktische Tools kennen! Sie könnten dann mehr sein als Zuhörer, Berater, Tröster, Warner oder Bestärker. Sie hätten ein Gefühl fürs Coachen und fünf oder 25 gute Werkzeuge an der Hand, mit denen sie anderen helfen könnten, über das Verständnis hinaus Lösungen für ihre Probleme zu finden, zu Handelnden in ihrem Leben zu werden.

Ich bin sicher, wir brauchen viel mehr engagierte Menschen mit Coachfähigkeiten, die Menschen begleiten. Diese Begleiter haben keine entsprechende Ausbildung hinter sich, wissen vielleicht nicht, was Interaktion oder regredieren heißt. Aber sie sind da, wo die ganz normalen Menschen sind: in Vereinen, in Kirchengemeinden, in Betrieben. Sie arbeiten als Lehrer, Sozialarbeiter, Führungskraft oder Azubi-Beauftragte, sie sind Kollegen oder Freunde, haben Familie und mögen anderen Menschen helfen, Lösungen zu finden.

Zurück zum Fußball: Über der untersten Spielklasse gibt es weitere Stufen, von der Bezirksliga bis zur Regionalliga. Je komplexer die Situationen, je anspruchsvoller der Lösungswunsch, desto spezialisierter muss der Coach sein, im Fußball wie in der Beratung. Ein ganz wichtiger Aspekt beim Coachen ist dabei die Distanz: Manchmal ist es wichtig, dass der Coach kein Teil des Beziehungssystems des lösungssuchenden Menschen ist, sprich, dass sie oder er selbst keine Karten im Spiel hat, vor allem, wenn es um Lebensentscheidungen wie die Zukunft von Beziehungen oder berufliche Entscheidungen geht. Sondern mit seiner klaren Distanz, seiner umfassenden Erfahrung, seiner bewährten Methodik und einem klaren Auftrag einen guten Begleiter bei der Lösungssuche darstellt.

Vor 100 Jahren war die Zahl der Berufe übersichtlich, war die Selbstbestimmtheit über die Lebensmodelle beschränkt. Da konnte ein Handwerker seinen Vater oder Onkel fragen: »Wie würdest du entscheiden? Soll ich eine zweite Maschine kaufen?« Heute ist die Arbeitswelt um so viel komplexer, heute ist die vermeintliche Entscheidungsfreiheit so sehr gewachsen, ja, heute ist das Leben insgesamt so viel komplizierter und der Anspruch an ein »geglücktes« Leben so viel höher, dass Menschen immer mehr unter Druck geraten: Was soll ich tun?

Die Vorstellungskraft der Eltern, Partner oder Freundinnen reicht da oft nicht aus, um ein hilfreicher Begleiter zu sein. Ja, manchmal erleben wir in Zeiten der Kleinfamilie die Vielfalt der generationenübergreifenden Weisheit gar nicht mehr. Oder es gibt niemanden, der uns sachlich zu Lösungen bringen kann. Wer in der Familie kann uns fachlich begleiten, wenn wir uns überlegen, ob wir noch eine Zusatzausbildung machen, den Arbeitgeber wechseln oder uns selbstständig machen sollten ...? Vor allem, wenn wir noch gar nicht genau wissen, was wir eigentlich vom Leben wollen.

Genau dafür gibt es die »Bundesliga«-Coaches. Sie haben eine Menge Wissen, Können und Erfahrung und arbeiten mit ihrer Expertise in Unternehmen, für Teams, sie begleiten Menschen bei größeren Veränderungen, geben ihnen wichtiges Feedback, stellen die richtigen Fragen, erarbeiten Perspektiven mit ihren Klienten. Manche haben sich auf ein Fachgebiet spezialisiert, wie Konfliktcoaching oder Teamcoaching, Karriere- oder Familiencoaching. Ihre Stundenpreise bewegen sich etwa zwischen 85 und 200 Euro, sodass Privatleute sich sie auch leisten können.

Und dann gibt es noch die hoch bezahlten, hochbegabten und hoch erfahrenen Business-Coaches, die Vorstände von Unternehmen und die Spitzenteams der Wirtschaft coachen, die Prominente unter ihren Klienten haben, Politiker oder andere Strippenzieher der Gesellschaft (und die sich meist vornehm zurückhalten, weil sie ja nicht über ihre Klienten reden dürfen). Die könnte man als die Hidden Stars der »Champions League« im Coaching bezeichnen. Sie haben einen stolzen Stundensatz, der widerspiegelt, dass mit dem Coaching eine Investition in die berufliche oder wirtschaftliche Zukunft getätigt worden ist.

Alle diese professionellen Coaches werden übrigens nicht dadurch arbeitslos, dass ich ganz normalen Menschen mit guten Fähigkeiten einige Coaching-Methoden oder »Tools«, wie wir neudeutsch sagen, vorstelle und sie darin trainiere. Jogi Löw hat auch keine Job-Angst vor der Mutter von Max, die die Schülermannschaft trainiert. Im Gegenteil: Er weiß, dass er von den Spielern profitiert, die schon von klein auf eine gute Begleitung von ihrem Coach bekommen haben. Wenn wir Coaching in der Gesellschaft bekannter machen, verliert es den Nimbus des »Ist nur für die Großkopferten« und entfaltet seine segensreiche Wirkung auf allen Ebenen.

Ja, aber manipuliert man die Coaching-Klienten nicht, wenn man ihnen Vorschläge macht? Nein, ich glaube, wenn man ein offenes Angebot macht und die Klienten nicht psychologisch geschickt irgendwo »hinführt«, von dem der Coach glaubt, dass es das Beste für sie wäre, dann nicht. An vielen Ideen, die ich in Coachings geäußert habe, haben meine Kunden erst ihre eigenen Vorstellungen schärfen können: »Nein, das würde mir nicht gefallen, aber wenn ich ... – ja, das kann ich mir vorstellen!«

Ich halte es übrigens – und damit unterscheide ich mich von der Meinung mancher Coaching-Ausbilder – für einen Kunstfehler, wenn ein Coach hilfreiche Ideen und Anregungen zwar im Kopf hat, sie seinen Klienten aber *nicht* als Anregung zur Verfügung stellt, weil sie ja selber draufkommen müssen. Ich finde, damit verlängert man die Coaching-Zeit unnötig, oder der Kunde geht mit weniger Impulsen als möglich aus dem Coaching heraus. Oder wie es die Coaching-Ausbilderin Dr. Petra Bock ausdrückt: »Stellen wir uns vor, Jogi Löw würde seiner Mannschaft sagen: ›Ich hätte da eine Idee, aber weil ich euer Coach bin, müsst ihr da selbst draufkommen.‹«

Und noch etwas unterscheidet mich von anderen Coaches. Ich möchte nicht, dass Coaching quasi als psychologische Geheimwissenschaft von wenigen für sich reklamiert wird. Ich habe den Wunsch, dass möglichst viele Menschen mit Coaching-Methoden vertraut werden. So dass sie sich gegenseitig helfen können. Ich glaube, dass die Erde dadurch »a better place« werden könnte. Weil Menschen dadurch aus der Opferrolle herauskommen, ihre Unzufriedenheit abbauen und Verständnis für andere Menschen und ihre Handlungsweisen entwickeln können. Deshalb dieses Buch und deshalb auch die Fernsehsendung *Sabine Asgodom*, in der ich zeige, wie ich coache.

Veränderung in fünf Minuten?

Vor allem ein Kurzcoaching fokussiert sich immer auf einen Teilaspekt des Lebens und sucht konkrete Lösungen. Und das ergibt sich immer wieder mal. Zum Beispiel ruft eine Kundin an und braucht dringend fünf Minuten mit mir, weil sie gerade Nebel im Kopf hat und Klärung braucht. Wie oft geschieht es in meinen Seminaren, dass sich plötzlich ein Teilnehmer meldet und eine Frage hat, für die er selbst keine Lösung findet. Wie dieser 42-jährige Mann, nennen wir ihn Martin, der in einem Gelassenheitsseminar sagte: »Ich würde gern auch mal wieder etwas für mich tun.«

Ich: »Was würden Sie denn gern mal wieder machen?«

Martin: »Ich würde so gern mal wieder angeln gehen.«

»Warum gehen Sie nicht?«

»Ich habe keine Zeit.«

»Warum haben Sie keine Zeit?«

»Ich arbeite jeden Abend zu lang.«

»Und was ist mit den Wochenenden?«

»Die verplant immer meine Frau.«

»Wie oft würden Sie denn gern angeln gehen?«

»Einmal im Vierteljahr.«

»Was könnten Sie denn tun, um sich diesen Wunsch zu erfüllen?«

Er – nach einer langen Pause: »Ich müsste mit meiner Frau sprechen.«

»Was hält Sie davon ab?«

»Ich habe ein schlechtes Gewissen, noch weniger Zeit für meine Familie zu haben.«

»Könnten Sie mit Ihrer Frau auch darüber reden?«

»Ja, schon.«

»Wann werden Sie das tun?«

»Weiß ich noch nicht.«

»Wie ernst ist Ihr Wunsch?«

»Doch, ich möchte es schon.«

»Okay, dann sagen Sie mir ein konkretes Datum, bis wann Sie mit Ihrer Frau übers Angeln reden werden.«

»Am nächsten Wochenende.«

»Viel Erfolg! Schreiben Sie mir, wie es ausgegangen ist?«

Martin schrieb mir 14 Tage später tatsächlich eine E-Mail. Sie hatte in etwa folgenden Inhalt: »Liebe Frau Asgodom, Sie erinnern sich, ich bin der Mann, der gerne mal wieder angeln gehen wollte. Ich habe, wie verabredet, mit meiner Frau gesprochen. Sie hat gesagt, geh doch angeln, wenn du das gerne möchtest! Danke für Ihre Hilfe.«

Investition in diese Veränderung: fünf Minuten im Seminar, zehn Minuten im Gespräch mit seiner Frau – für eine Freude, die er sich selbst macht und die sein Leben ein bisschen schöner macht. Vielleicht wird Ihnen an diesem kurzen Beispiel klar, wie hilfreich Kurzcoaching sein kann. Und wir sollten auch bei der kleinsten Mini-Mäuseschritt-Übung die Auswirkung nicht unterschätzen: Coaching kann so zur Salutogenese beitragen, sprich zur Gesunderhaltung – von Menschen, Motivation und Beziehungen.

Und noch etwas lässt sich an dieser kleinen Coaching-Episode zeigen: Überhaupt nicht hilfreich wäre gewesen, wenn ich die Distanz nicht hinbekommen hätte. Wenn ich mich beispielsweise entrüstet hätte: »Was denn, wollen Sie Ihre Familie überhaupt nicht mehr sehen?« Oder getröstet: »Ja, das ist blöd. Ach Mensch, Sie Armer. Vielleicht können Sie es in ein paar Jahren noch mal versuchen, wenn die Kinder groß sind.« Oder appelliert hätte: »Arbeiten Sie halt weniger! Das kriegen Sie schon hin.« Oder mich solidarisiert hätte: »Was haben Sie denn für eine herzlose Frau, die Ihnen das nicht gönnt?«

Das unterscheidet das Coachen von ganz vielen Stellungnahmen, die wir zu den Problemen anderer Menschen einnehmen – trösten, bestärken, beschwichtigen, Standpauke halten, anweisen. Vielleicht kennen Sie den Vergleich: Im Wort Ratschlag verbirgt sich das Wort »Schlag«. Deshalb geht es beim Coachen nicht darum, anderen Menschen Ratschläge zu geben. Die enthalten immer den verbalen Zeigefinger. Aber den Horizont zu erweitern, den Blick über den Tellerrand zu ermöglichen, das macht Sinn. Also Angebote zu machen, Alternativen aufzuzeigen – das kann sehr hilfreich sein. Und ich bin eine Verfechterin davon, als Abschluss die Terminfrage zu stellen: »Bis wann werden Sie was machen?« Erst wenn es zum »Commitment« kommt, also wirklich der Wunsch, etwas zu tun, überhandnimmt, gibt es die Chance, dass die Lösung wirklich umgesetzt wird. Und wenn nicht, dann nicht. Der Mensch, der sich auf keinen Termin einlässt, der spürt, dass es noch nicht das ist, was er wirklich will. Und das akzeptiere ich.

Meine Erfahrung aus 20 Jahren Coaching: Die meisten Menschen haben die Lösung für ihr Problem, ihren Wunsch, schon *in etwa* im Kopf. *Eigentlich* wüssten sie, was sie tun könnten. Manchmal ist ihnen das nicht bewusst, manchmal erscheint es ihnen zu einfach oder zu schwer. Manchmal kommt man erst im Dialog auf eine gute Idee. Manchmal fehlt der letzte Impuls, um zu handeln. Manchmal brauchen sie die Erfahrung von jemandem, der über viel Lebenserfahrung verfügt. Und manchmal brauchen sie quasi den »Stempel« von jemandem, den sie für kompetent oder eine Autorität halten – »Ja, tu es!« Und manchmal brauchen sie den Coach einfach, damit er das Türchen im Hirn aufsperren hilft, hinter dem sich die Lösung versteckt.

Würden Sie sich zutrauen, einem Menschen so auf die Sprünge zu helfen? Oder haben Sie gerade eine Anregung für sich selbst bekommen, wie Sie an ein Problem herangehen könnten? Gut. Seit vielen Jahren lasse ich SeminarteilnehmerInnen ausprobieren, wie es ist, sich gegenseitig zu coachen. Und die Ergebnisse sind wirklich überzeugend: Viele verstehen das Prinzip »Fragen, nicht sagen!« sehr schnell. Und sie können wirklich die anderen in ihrem Team in wenigen Minuten auf gute Gedanken bringen (mehr nicht, aber das ist doch Gold wert!).

Acht Prinzipien des Coachens

Nicht jeder Mensch kann eislaufen oder Tango tanzen. Nicht jeder Mensch ist einfühlsam und kann gut zuhören. Natürlich fühlt sich auch nicht jeder zum Coachen berufen. Aber ich bin sicher, dass viel mehr Menschen, als die meisten Kollegen denken (oder fürchten), sich Coaching-Fähigkeiten aneignen und die in diesem Buch vorgestellten Methoden sinnvoll einsetzen können.

Es bedarf darüber hinaus einiger Grundsätze, die meiner Meinung nach jeder berücksichtigen sollte, der Menschen helfen möchte, die eigene Lösung zu finden, der also coachen und nicht beraten oder gar manipulieren will. Hier deshalb die acht Prinzipien zum Coachen, die ich für unabdingbar halte:

1. Nicht den ersten Blick werten

Geht das denn überhaupt? Ja, das kann man lernen. Sie sehen eine Frau in einer roten Bluse, einem blauen Rock und grüner Strumpfhose. Sie können entweder denken (jedenfalls, wenn Sie eine Frau sind): »Oh, mein Gott, was für eine schreckliche Kombination!«, oder Sie nehmen einfach wahr, was Sie sehen: »Rote Bluse, blauer Rock, grüne Strumpfhose.«

Ich habe die Erfahrung gemacht, dass ich wesentlich mehr in Menschen sehe, seit ich meine Wertung ausschalten kann. Gelernt habe ich das Anfang der 1990er-Jahre von einem weisen Mann. John Hormann hieß er, er war damals gerade als Manager bei IBM ausgestiegen, weil er nach dem Sinn des Lebens suchte, und arbeitete für die Steinbeis-Stiftung. Für die Zeitschrift *Cosmopolitan* machte ich mit ihm ein Interview zu seinem damals neu erschienenen Buch *Fu-*

ture Work. Aus dem geplanten einstündigen Interview wurde ein vierstündiges Gespräch, das ich nie vergessen werde.

(Viele entscheidende Impulse, Trainerin und Coach zu werden, verdanke ich Begegnungen als Journalistin bei verschiedenen Zeitschriften mit eindrucksvollen Menschen aus Wissenschaft und Wirtschaft – vielleicht war das meine Art der Ausbildung, denn »richtige« Coaching-Ausbildungen hat es meines Wissens vor 25 Jahren noch nicht gegeben.)

John Hormann, der heute als gefragter Managementberater in Baden-Baden lebt, erzählte mir damals von der Kunst des Nichtwertens. Ich war sehr skeptisch. Aber er spornte mich an: »Das können Sie lernen.« Und ich begann es zu lernen. Mühsam, mit vielen Rückfällen. Nein, nicht »Was guckt der komisch?«, sondern einfach hinschauen und wahrnehmen. Nicht »Was für alberne Ohrringe«, sondern einfach »Aha, interessante Ohrringe«. Nicht mehr »Wie steht der denn da rum!?«, sondern hingucken: »Was siehst du?« Ich wurde damals für viele Freundinnen ziemlich uninteressant, weil ich bei dem beliebten Frauenspiel »Guck mal, wie die aussieht!« nicht mehr mitmachen wollte. Um ehrlich zu sein: Ich wurde in meinem missionarischen Eifer eine ziemliche Spaßbremse.

Ich glaube daran, dass das Leben uns in wichtigen Momenten die »richtigen« Menschen schickt. Menschen, die eine Herausforderung für uns sind oder die uns an unsere Grenzen bringen. Menschen, die uns einen Spiegel vorhalten oder den Weg in eine andere Richtung weisen. John Hormann war einer dieser Menschen für mich. Ich bin sehr dankbar dafür.

Ich glaube, dass ich durch diese jahrelange Übung im Nichtwerten mehr in Menschen sehe, als sie auf den ersten Blick darstellen. Und dies ist eine entscheidende Voraussetzung für die Potenzialentwicklung bei Menschen.

Auch im Coaching weitet Nichtwerten den Blick auf die Persönlichkeit hinter dem Sakko. Der weitgehende Verzicht auf Wertung fördert im Übrigen ganz allgemein die Menschenliebe, weil es die Strenge aus dem Blick nimmt und die Schönheit des anderen Menschen durchscheinen lässt. Wenn Sie sich darin trainieren, nicht zu werten, erkennen sie Seiten an Menschen, die mit der einschlägigen Vorurteilsbrille verborgen geblieben wären. Ein wunderbarer Nebeneffekt: Die Neugier auf andere Menschen steigt. Und damit die Zahl der interessanten Menschen.

Probieren Sie es selbst aus. Sie werden die gleichen Erfahrungen machen.

Erste Übung: Sehen Sie sich einen Tag lang aufmerksam irgendwelche Menschen an – auf der Straße, in der Bahn, in einem Café. Schauen Sie hin und versuchen Sie, das reflexhafte Werten, das in uns allen steckt, in eine nüchterne Beobachtung zu verwandeln: »Lange Haare, Vollbart, nachlässig gekleidet. Der schaut ja aus wie ein Waldschrat.« – Stopp! Nur hinschauen: »Blaue Augen, eine warme Stimme. Er lächelt. Aha.« Ohne den scharfen Wertungsfilter entdecken wir viel mehr an einem Menschen. Genau das macht Coachen so spannend. Nicht wie wir einen Menschen beurteilen, ist wichtig, sondern wie wir Menschen zu Chancen verhelfen, zählt.

2. Eine Coaching-Vereinbarung treffen

Wenn Sie jemandem anbieten, sich mit ihm zusammenzusetzen und nach einer Lösung zu suchen, vereinbaren Sie vorher genau, was der andere von Ihnen erwartet. Manchmal lässt uns der Gedanke, helfen zu können, über das Ziel hinausschießen. Ich erinnere mich an die Anfänge meiner Arbeit als Coach. Eine Freundin mit Liebeskummer, die mir am Telefon ihr Herz ausgeschüttet hatte, musste mich anschließend erst einmal stoppen: »Ich wollte dir das alles nur erzählen, ich wollte nicht, dass du mich gleich coachst.« Dabei hatte ich es doch nur gut gemeint.

Also, klären Sie kurz ab, was Ihr Bruder, Ihre Freundin, Ihr Mitarbeiter, Ihr Gemeindemitglied oder wer immer Ihre Hilfe in Anspruch nehmen möchte, von Ihnen erwartet. Möchte er/sie nur ein freundliches Zuhören, in den Arm genommen werden, sich ausheulen oder schimpfen? Vielleicht möchte jemand einfach nur Ballast abwerfen? Oder möchte er/sie wirklich mit Ihnen zusammen an seinem/ihrem Problem oder Wunsch »arbeiten«?

Bieten Sie gern an, mit einer der in diesem Buch vorgestellten Kurzcoaching-Methoden zu arbeiten. Aber bitte drängen Sie sie nicht auf. Falscher Eifer schadet nur. Die anderen sind keine »Versuchskaninchen« für Ihre Coaching-Begeisterung. Und Sie erinnern sich: Nur weil Sie dieses Buch gelesen haben, sind Sie noch kein Coach!

Entschließt sich der andere Mensch dazu, dass Sie ihn auf der Suche nach einer Lösung begleiten dürfen, dann schließen Sie einen Mini-Vertrag mit ihm ab. Darin sollten Sie zuerst einmal festhalten, wofür genau der/die andere eine Lösung braucht. Ich nenne das ganz schlicht »Coaching-Ziel« und bitte meine Coachees, möglichst genau zu benennen, wofür sie eine Lösung brauchen, was sie in den zwei oder vier Stunden Coaching erreichen wollen. Zum Beispiel: »Ich brauche Klarheit, für welche Option ich mich beruflich entscheiden soll.«

Zur weiteren Vorbereitung des Coachens können Sie im Vorfeld mit Ihrem Gesprächspartner klären:

- Welche Überlegungen sind bereits vorhanden?
- Welche Möglichkeiten gibt es?
- Welche Pros, welche Kontras hat der/die andere im Kopf?
- Was hat er/sie schon probiert?

- Warum hat er/sie noch nicht gehandelt?
- Wer könnte ihm/ihr bei der Umsetzung von Plänen helfen?
- Was will er/sie mit Ihnen ganz sicher nicht besprechen? (Tabus müssen Sie akzeptieren.)

Ich selbst führe in meinen Einzelcoachings ein Protokoll. Das heißt, während der Coaching-Sitzung kann mein Klient träumen, erzählen, spinnen – und ich schreibe mit, fasse zusammen, stelle Verbindungen zwischen dem Gesagten her. Meistens protokolliere ich stichwortartig, aber manchmal schreibe ich auch wichtige Sätze im Wortlaut nieder. Sätze, die der andere so noch nie ausgesprochen hatte und die entscheidend für das weitere Handeln sind. Das hält mich übrigens auch von zu viel reden ab. Aber dazu kommen wir gleich noch näher.

Das schriftliche Protokoll hilft im Nachhinein dem Klienten nachzuvollziehen, wie er zu Erkenntnissen oder Entscheidungen gekommen ist. Es hält wichtige Meilensteine fest, wie: »Ich will mehr Freude im Leben«. Oder: »5 Gründe, warum ich nach Hamburg ziehen sollte«. Gedanken sind flüchtig, Geschriebenes begleitet sie auf dem Weg zur Umsetzung.

Wenn ich ehemaligen Coaching-Klienten begegne, höre ich sehr oft: »Gerade neulich habe ich nochmal unser Coaching-Protokoll in der Hand gehabt. Ich habe mich gewundert, dass ich damals schon gesagt habe, dass ich ...« Oder: »Ich bin erstaunt, wie viel ich von dem, was wir damals besprochen haben, schon umgesetzt habe.« Oder: »Ich habe mich vor drei Monaten selbstständig gemacht. Als ich mein neues Büro eingerichtet habe, ist mir das Coaching-Protokoll von vor zwei Jahren in die Hände gefallen. Damals hatte ich schon genau skizziert, wie ich mir die Selbstständigkeit vorstelle. Und so ist es eingetroffen.«

Meine Empfehlung an Sie heißt also: Schreiben Sie wenigstens stichwortartig mit, was im Coaching gesagt wird. Notieren Sie wichtige Gedanken. Manchmal ist ein Coaching-Protokoll schon der Grundstock eines Businessplans. Was du schwarz auf weiß nach Hause tragen kannst ...

3. Achtsam zuhören

Zuhören, hinhören, aktiv zuhören - wie immer Sie es nennen wollen: Auch dies ist eine unabdingbare Voraussetzung fürs Coachen. Es bedeutet, sich zurücknehmen zu können und sich ganz auf den anderen Menschen zu konzentrieren. Verbunden mit einer Art Selbstvergessenheit lässt es Sie im Gespräch mit dem anderen die wichtigen Dinge hören und Zwischentöne vernehmen.

Ich liebe das Wort *Selbstvergessenheit.* Es bedeutet für den, der coacht: Es geht hier heute nicht um mich. Der andere bekommt meine ganze Aufmerksamkeit, meine ganze Intuition, all meine Erfahrung, Kreativität und Liebe. Ich muss hier nicht beweisen, wie grandios ich bin. Ich stehe für die Coachingzeit ganz im Dienst des anderen. Was er denkt, ist wichtig, was er entscheidet, darauf kommt es an. Ich erlebe manche Coachings deshalb als wahnsinnig intensiv, jede Minute hellwach und aufmerksam, alle Sinne auf den anderen gerichtet, im ständigen Kontakt, in großer Innigkeit, sich gegenseitig beflügelnd. Oft tauchen mein Kunde/meine Kundin und ich aus dem Coaching wie aus einer Trance auf und verabschieden uns wie gute Freunde. »Darf ich Sie umarmen?«, werde ich dann manchmal gefragt. Ja, gerne.

Wenn Sie coachen wollen, bedeutet es für Sie: Coachen heißt nicht führen, sondern dienen. Was der andere Mensch braucht, das allein steht im Mittelpunkt. Sie können dazu beitragen, dass er auf seine Lösungen kommt. Mehr nicht (und das ist viel!). Stellen Sie sich ganz in den Dienst der Sache. Hören Sie aufmerksam zu und bleiben Sie bei Ihrem

Gegenüber. Zollen Sie seinen Gedanken oder Gefühlen Respekt. Durch gezielte Fragen und große Achtsamkeit bei den Antworten, können Sie dem anderen helfen, »sich selbst auf die Schliche zu kommen«.

4. Wahrnehmen, was ist

Zuhören ist das eine, hinschauen das andere. Menschen können irgendwo hingucken und nichts sehen. Beim Coachen geht es auch darum, seine visuelle Wahrnehmung zu schärfen. Wie guckt der andere, während er etwas erzählt? Wie reagiert er auf Fragen? An welcher Stelle stockt er? Wann verändert sich die Stimme? Ich sehe die »Aber« im Gesicht und in der Körperhaltung meiner Klienten, ich sehe sie mit meinen »Coaching-Augen«, auch wenn sie gar nicht ausgesprochen wurden.

Ohne diese wichtigen Informationen ginge das Gespräch in eine ganz andere Richtung. Und andersherum funktioniert es genauso. Wenn Sie wissen wollen, ob Sie im Coaching-Gespräch auf dem richtigen Weg sind, achten Sie auf die kleinen Zeichen: Wann zuckt es im Gesicht Ihres Gesprächspartners, wann bekommen seine/ihre Augen Glanz? Wann strafft sich der Körper?

Alfons Schön, der Regisseur meiner TV-Sendung, hat mir nach den ersten Aufzeichnungen erzählt, ihm sei aufgefallen, dass meine Gäste im Studio wie »gebannt« mit mir arbeiten würden. Sie würden direkt vergessen, dass sie in einem Studio stehen, Kameras laufen und andere Gäste (und Hunderttausende von Zuschauern) zuhören. Ich glaube, das geht nur, weil auch ich mich ganz auf die Situation und auf meine Gäste einlasse, Kameras hin oder her. Um das zu unterstützen, hat übrigens der Regisseur eine kabellose, tragbare Kamera eingeplant, die mich verfolgt, egal wie ich mich bewege und wie ich stehe. Damit bin ich noch viel freier, spontan zu handeln und mit der Aufmerksamkeit ganz bei den Coachees zu sein.

Sobald ich überlegen würde, ob ich vorteilhaft dastehe, ob mich die richtige Kamera einfangen kann, wie das wohl hinterher aussehen würde, verlöre ich leicht den Kontakt zu dem Menschen, mit dem ich eine Lösung finden will. Das ist übrigens gar nicht so einfach, wenn Sie wissen, dass Hunderttausende zuschauen und ja auch irgendwie unterhalten werden möchten.

Wenn Sie coachen wollen, müssen Sie also Ihre Fähigkeit entwickeln, sich ganz auf Ihr Gegenüber konzentrieren zu können. Arbeiten Sie daran, im Kopf alles andere beiseiteräumen zu können – die Steuererklärung, das undichte Dach, die Sechs in Mathe Ihres Kindes. Dafür eignet sich die »Stopp«-Methode hervorragend:

Die Gedanken schweifen ab? Holen Sie ein gedankliches Stopp-Schild hervor. Halt, zurück zum anderen.

Sie denken schneller, als der andere reden kann? Stopp.

Sie haben schon eine Lösung im Kopf, während der andere noch mühsam versucht, die Situation zu beschreiben? Stopp. (Idee kurz aufschreiben, weglegen für später.)

Und die ganze Aufmerksamkeit wieder ins Hier und Jetzt.

5. Spüren, was fehlt

Coaching ist zwar zielorientiert, aber ergebnisoffen. Es geht nicht darum, nach einem gewissen Zeitraum die fertige Lösung zu haben. Setzen Sie auf Impulse, auf die Möglichkeit, Gedankentüren zu öffnen. Aber arbeiten Sie nicht auf eine schnelle Lösung hin. Und noch mehr als das: Seien Sie nicht zu zufrieden mit schnellen Lösungen. Wenn wir anderen Menschen helfen wollen, geraten wir leicht in die Gefahr, »Abschlüsse« zu tätigen: »Okay, das klingt gut, das gefällt mir, also das machst du.« Dahinter steckt der Gedanke:

Also, das ist doch schon was, ich bin zufrieden, jetzt soll der andere mal ins Handeln kommen.

Aus 20 Jahren Erfahrung weiß ich: Manchmal wollen Menschen, die sich einem Coach anvertrauen, tatsächlich genau das – den ersten oder letzten Puzzlestein zu einer klaren Entscheidung. Manchmal wundere ich mich sogar, warum Menschen überhaupt in mein Coaching kommen, eigentlich wissen sie genau, was sie machen wollen. Ich habe die Erfahrung gemacht, diese Klienten wollen quasi nur noch einen »Expertenstempel« haben: »Ja, mach es!«

Und dann gibt es andere Menschen, die eigentlich schon mit klaren Vorstellungen kommen, und ich wundere mich, warum tun sie es nicht einfach, wenn die Lösung doch schon so klar ist. Und dann stellt sich heraus: Da gibt es noch eine tiefere Ebene, die nicht die praktische Lösung, sondern die Möglichkeit zum Sprechen – über sich – braucht.

Denn funktionieren kann dieser Mensch wahrscheinlich eh schon gut. Nach außen ist er oder sie oft sehr erfolgreich: »Mein Job, mein Haus, meine Familie ...« Im Coaching braucht er frische Luft zum Atmen, braucht den Abbau von Druck, das Freilegen von Sehnsüchten, das Zeigendürfen von Ängsten, die Erlaubnis zum Spinnen, den Mut, das Unmögliche zu denken. Und er braucht die Möglichkeit, alles infrage zu stellen, was vorher als selbstverständlich galt.

Was in einem Fernsehstudio nicht möglich ist, jedenfalls wenn man nicht auf Voyeurismus setzt, das können Coaches hinter der geschlossenen Tür bieten: Raum zum Entfalten, zum Loslassen, zum Fließenlassen. Raum, um ganz klein sein zu dürfen und ganz groß. Die Erlaubnis, zugeben zu dürfen, dass man nicht weiterweiß. Und der weite Horizont, um Träume zu formulieren, für die uns die Familie, die Vorgesetzten, ach, die ganze Welt auslachen würde.

Ich erinnere mich an eine Frau, die ins Coaching gekommen war, um beruflich noch erfolgreicher zu werden. Und gegangen ist sie mit Überlegungen, wie sie ihre Ehe retten könnte. Im Lauf des Coaching sind wir plötzlich durch einen einzigen Impuls (das Alternativrad – Sie finden diesen auf Seite 85 ff.) auf das wirklich drängende Thema zu sprechen gekommen, das weder mir noch ihr vorher bewusst war.* Deshalb noch einmal eindringlich formuliert: Vorsicht vor zu schnellen Lösungen. Vielleicht verkleistern sie nur, was eigentlich hervordrängen wollte.

6. Die eigene Beschränktheit erkennen

Jetzt kommt noch eine ganz besondere Gabe ins Spiel: die eigene Beschränktheit zu erkennen, aber sie nicht zum Maßstab zu machen.

Stellen Sie sich vor, Ihr Freund braucht Ihr Ohr, weil er einen wagemutigen Plan hat. Sie halten diesen Plan für illusorisch.

Mir geht das auch manchmal so. Da höre ich in Coachings oder Seminaren von Träumen, die ich selbst für unerfüllbar halte. Wie schnell ist man da mit tausend Gründen, die dagegensprechen, zur Stelle. Klienten können einen etwas anderes lehren.

Nur weil Sie sich etwas nicht vorstellen können, muss es nicht unmöglich sein. Nur weil Sie andere Erfahrungen gemacht haben, muss der andere nicht scheitern. Nur weil Ihnen die Erfolgsfantasie fehlt, muss der andere nicht spinnen.

Meine Erkenntnis für alle, die coachen: Wer sind Sie, dass Sie die Träume der Menschen, die Sie coachen, zerstören? Woher wissen Sie, was geht und was nicht geht? Auch noch so viel Erfahrung sollte Sie nicht verleiten, ein Urteil zu

---

* Ihre ganze Geschichte können Sie im Coachingbuch *Die Frau, die ihr Gehalt mal eben verdoppelt hat …* nachlesen (Sabine Asgodom u.a.), München: Kösel, 4. Aufl. 2011

sprechen – Daumen rauf oder Daumen runter. (Das unterscheidet Coaching übrigens vom reinen Beraten.) Was Sie allerdings leisten können, ist, immer und immer wieder nachzufragen und zum Nachdenken anzuregen:

»Haben Sie eine Ahnung, ob jemand für dieses Produkt bezahlen würde?« Wenn nicht: »Wie werden Sie herausfinden, ob jemand Geld dafür bezahlen würde?« »Was ist der erste Schritt?«

Oder: »Gibt es schon eine Führungskraft in Ihrem Unternehmen, die nur drei Tage die Woche arbeitet?« Wenn nicht: »Was gibt Ihnen die Überzeugung, dass es möglich ist?« »Welche Strategie brauchen Sie dafür?«

Oder: »Interessant, dass Sie Bundeskanzlerin werden möchten. Wissen Sie schon, wie Sie das anstellen werden?« Wenn nicht: »Wie wird man Bundeskanzlerin?« »Welche Schritte sind Sie schon in diese Richtung gegangen?«

Zu viel Erfahrung im Wirtschaftsleben oder im Leben allgemein droht manchmal in Borniertheit umzuschlagen. Das zu verhindern, ist eine immerwährende Anstrengung. Also, so wichtig Lebenserfahrung ist für den, der coacht, so wichtig ist es auch manchmal, die Klappe zu halten. Das heißt nicht, Menschen in realitätsfernen Spinnereien zu bestärken: »Klar werden Sie einen Bestseller schreiben!« Aber es heißt eben auch nicht, dass das Damoklesschwert der Unmöglichkeit über uns hängt. Sondern wir können helfen, nüchtern die Chancen abzuchecken.

Ich bin durch viele Coachings etwas erfahrener geworden, was meine Meinung angeht. Nein, ich habe nicht immer recht. Meine Konsequenz daraus: Ich lasse mich seither immer wieder gerne überraschen.

Und für eine andere Beschränktheit möchte ich Sie ebenfalls noch sensibilisieren: Wenn Sie kein Therapeut sind, so wie ich, müssen Sie rechtzeitig Ihre Grenzen erkennen. Ich habe es schon mal geschrieben, aber man kann es nicht oft genug sagen: Coachen heißt nicht therapieren. Was können Sie tun, um nicht in die Therapiefalle zu tappen? Hüten Sie sich vor allem davor, zu psychologisieren. Das passiert in unserer Gesellschaft sowieso schon viel zu häufig. Wie schnell fallen Bemerkungen wie: »Die hat da ein Trauma.« Oder: »Liegt sicher an seiner schweren Kindheit.« Oder: »Der hat ein ganz schlimmes Burn-out.«

Beim Coachen, vor allem beim Kurzcoachen, geht es nicht darum, irgendwelche seelischen Ursachen für irgendeine Verhaltensweise zu entschlüsseln. Lassen Sie es einfach sein. Sie sind keine Fachleute dafür (außer wenn Sie dafür ausgebildet sind). Und der Stempel, den Sie jemandem über seinen Seelenzustand mitgeben, kann verhängnisvoll sein. Coachen heißt zuhören, Lösungen finden, nach vorne schauen, dem Coachee helfen, konkrete Handlungsentscheidungen zu fällen. Basta.

7. Fragen statt sagen

Fragen ist die beste Prävention gegen Besserwisserei und schnelle Urteile. Wenn Sie Fragen stellen, sind Sie beim Coachen meistens auf der richtigen Fährte. Wenn Sie fragen, geben Sie dem anderen die Gelegenheit, zu denken und Gedanken zu formulieren. Sie geben ihm die Möglichkeit, wirre Gedanken zu ganzen Sätzen zu formen und die Struktur der Gedanken zu erkennen. Das, was vorher noch wirr im Kopf herumgeisterte, arrangiert sich durchs Reden zu Erkenntnissen.

Das kennen Sie alle: Wenn Sie etwas beschreiben sollen, bekommen Sie selbst ein besseres Bild von der Situation. Wenn Sie über Ihre Gefühle sprechen sollen, werden diese Ihnen oft erst bewusst. Wenn Sie von der Bedeutung der anderen Menschen innerhalb Ihres Problem sprechen, werden Ihnen vielleicht Interessenskonflikte klar.

Also, fragen, fragen, fragen Sie – und hören Sie auf die Antworten. In den Antworten liegt meistens schon der Schlüssel zur Lösung.

Hier habe ich einige hilfreiche Fragen zusammengestellt, die sich im Kurzcoaching bewährt haben, weil sie Sie selbst oder Ihren Gesprächspartner ins Nachdenken und zum Reden bringen:

- Was hättest du am liebsten, was geschehen soll?
- Was war dein erster Gedanke dazu?
- Was ist dein stärkstes Argument?
- Heißt das, du würdest lieber ...?
- Was hat der andere davon?
- Welche Aber hast du noch im Kopf?
- Was wäre die einfachste Lösung?
- Wer kann dir dabei helfen?
- Was hält dich davon ab, es zu tun?
- Was könnte schlimmstenfalls passieren?
- Und bestenfalls?
- Ab wann wirst du was tun?
- Was muss sich ändern, damit du ...?
- Willst du es wirklich?
- Was würde passieren, wenn ...?
- Was bist du bereit zu riskieren?

8. Stringent auf die Stärken achten

Es gibt einige Verbote fürs Coachen, die Sie unbedingt kennen müssen: Dazu gehört vor allem das Herumreiten auf Schwächen. Absolut kontraproduktiv sind Bemerkungen wie: »Das habe ich dir ja schon vor Monaten gesagt ...«, »Du bist aber auch immer so emotional« oder: »Hättest du nur rechtzeitig Bescheid gesagt ...« Vorwürfe sind tabu, Schuldzuweisungen sind tabu. Eigentlich eine ganz schöne

Überlegung für alle Gespräche mit Ihren Kindern, so Sie welche haben – so ganz normale Kinder, die manchmal die Hände nicht waschen, die Schularbeiten nicht sofort machen. Daran darf man sie erinnern. Aber herumreiten darauf sollten Sie nicht – also, kein »Nie machst du …« Warum sind diese Bemerkungen »no-no«? Sie führen in die Vergangenheit, was niemandem hilft. Wie hieß es in meiner Familie immer: »Wenn meine Oma Räder hätt', wär sie ein Omnibus.«

Die Richtung im Coaching geht ganz klar nach vorn. Und der Schwerpunkt liegt auf Stärken – und nie und nicht auf Schwächen. »Okay, bis heute hast du es vielleicht nicht geschafft. Hör auf, dich dafür ständig selbst zu beschimpfen. Jetzt lass uns mal hinschauen, was sich ändern müsste, damit du deine Wünsche durchsetzen kannst.« Also, kein stundenlanges Wundenlecken, kein schmerzhaftes Suchen nach Schuldigen: »Die anderen sind alle so gemein zu mir.« Schluss damit.

Die wichtigste zielführende Frage ist: Wie kannst du deine Stärken einsetzen, um zu einer Lösung zu kommen? Ich sage in meinen Vorträgen immer etwas flapsig: »Der einzige Mensch, den Sie ändern können, ist der, den Sie heute Morgen gewaschen und gekämmt, rasiert oder geschminkt haben.«

Es stimmt!

Wenn Sie es schaffen, Ihr Gegenüber aus der Selbstverachtung und Selbstbeschuldigung zu geleiten, wenn Sie ihm zudem noch helfen, die Schuld nicht immer nur bei den anderen zu suchen, wenn Sie es überhaupt schaffen, das Thema »Schuld« zu beenden – dann eröffnen Sie ihm damit fantastische Perspektiven: Der dunkle Himmel klart auf, die Regenschauer lassen nach, am Horizont erscheint ein erster heller Streifen, erste Sonnenstrahlen erleuchten die Welt. Es riecht nach Hoffnung.

Und dann ist die Möglichkeit da, dass der Hilfesuchende auf eine Lösung, auf *seine* Lösung kommt. Und das ist wichtig.

Wie viele Coaching-Fähigkeiten Sie haben, liebe Leserin, lieber Leser, können Sie mit dem folgenden kleinen Test checken.

Test:
Sind Sie ein guter Coach?

Um das herauszufinden, brauchen Sie nur die jetzt folgenden Aussagen ehrlich einzuschätzen. Die Aussagen sind vor allem für das »Lösungsorientierte Kurzcoaching« (LOKC) von Relevanz. Kreuzen Sie jede Aussage an, die Sie mit einem klaren Ja beantworten können:

- □ Ich mag Menschen.
- □ Ich höre Menschen wirklich zu.
- □ Ich stelle die richtigen Fragen, um Dinge auf den Punkt zu bringen.
- □ Ich »höre« auch zwischen den Worten und frage nach.
- □ Ich kann mich mit meiner Meinung zurücknehmen, um den anderen nicht zu beeinflussen.
- □ Ich setze auf die Veränderungsfähigkeit von Menschen.
- □ Ich gebe konstruktives Feedback, ehrlich und wertschätzend.
- □ Ich interessiere mich für Menschen und ihre Beweggründe.
- □ Ich denke, dass kein Mensch etwas ohne Grund tut (auch wenn er ihn selbst nicht kennt).
- □ Ich kann ehrlich loben, ohne zu manipulieren.
- □ Ich kann beim Zuhören gut assoziieren und eigene Beispiele erzählen.
- □ Ich kann ein Gespräch strukturieren und auf die Zeit achten.
- □ Ich kreiere im Dialog blitzschnell Ideen.
- □ Ich komme schnell auf praktische Umsetzungsmöglichkeiten.

- □ Ich gehe wertschätzend und interessiert mit Menschen um.
- □ Ich bin achtsam im Gespräch und sehe meine Grenzen.
- □ Ich vertraue grundsätzlich anderen Menschen.
- □ Ich kann Ideenangebote machen und den anderen frei entscheiden lassen.
- □ Ich bin ein Mensch, dem andere vertrauen.
- □ Ich kann mit anderen Menschen mitfühlen, ohne mich vom Leid überwältigen zu lassen.

Auswertung: Für jede angekreuzte Aussage bekommen Sie drei Punkte.

Ihre Summe: ________________

3 bis 9 Punkte: Viel Vergnügen beim Lesen dieses Buches. Dann schenken Sie es am besten jemandem, der Ihnen helfen kann, auf Ideen zu kommen und Entscheidungen zu fällen – denn für das Lösungsorientierte Kurzcoaching (LOKC) sind Sie nicht geschaffen.

12 bis 30 Punkte: Sie haben einige Coaching-Fähigkeiten und können dieses Buch vor allem nutzen, um sich selbst zu coachen. Die vorgestellten LOKC-Übungen werden Ihnen helfen, Lösungen zu finden, Ideen zu bekommen, Ihre Entscheidungen schneller und besser zu treffen und sich Strategien für die Umsetzung zu überlegen.

33 bis 48 Punkte: Sie haben viele wichtige Coaching-Fähigkeiten und können sich gut selbst coachen (auch wenn Sie dieses Wort für sich selbst noch nie angewandt haben). Sie werden mithilfe der LOKC-Methode aber auch Ihre Fähigkeiten weiter verbessern, anderen zu helfen, um auf Ideen zu kommen, Lösungen zu finden, Entscheidungen zu treffen und Strategien für die Umsetzung zu entwickeln.

51 bis 60 Punkte: Geben Sie es ruhig zu: Sie sind bereits professioneller Coach oder haben bereits eine Coaching-Ausbildung gemacht. Wenn nicht, haben Sie auf jeden Fall das Zeug dazu, sich zum Business- oder Life-Coach weiterzubilden. Die Menschen um Sie herum können sehr von Ihrem wertschätzenden, aufmerksamen, lösungsorientierten Blick profitieren. Mit der LOKC-Methode können Sie auch Kurzcoachings gut strukturieren.

Lösungen mit Methode

Zum konzentrierten und zielgerichteten Coachen – egal, ob für sich selbst oder für andere – habe ich vor Jahren das »Lösungsorientierte Kurzcoaching« (LOKC) entwickelt. In diesem Namen sind drei Strategien vereint, die ich im Coaching für wichtig halte:

Lösung
Orientierung
Kürze

In den nächsten Kapiteln werde ich Ihnen die drei LOKC-Strategien im Einzelnen vorstellen. Dem schließen sich dazu passende Coaching-Impulse an. Insgesamt sind es 25. Ich wende sie alle seit vielen Jahren an, habe sie immer wieder verfeinert und an den Umsetzungsergebnissen gemessen. Ja, sie führen zum Ziel. Alle 25 Coaching-Impulse sind einfach anzuwenden. Und sie haben noch etwas Gutes: Sie machen richtig Spaß! Egal, ob Sie sie für sich selbst nutzen oder anderen damit helfen.

Wo es sich anbietet, werde ich die Impulse an einem ausführlichen Anwendungsbeispiel aus der Praxis vorstellen und dann die Handhabung erklären. Übrigens: Die meisten Impulse eignen sich für Gespräche mit Menschen zwischen 8 und 88 Jahren, für Männer und Frauen, für berufliche und private Fragen. Auch dazu werde ich Ihnen Hinweise geben: In welchen Situationen empfehle ich diesen Coaching-Impuls?

Theoretisch müssten auch Schüler Kurzcoaching nutzen können, um sich selbst oder Mitschülern zu helfen, sich fürs Lernen zu motivieren. Ich sehe Azubi-Betreuer damit arbeiten und Mitarbeiter in Arbeitsagenturen, die mit ihren Kunden gemeinsam Perspektiven entwickeln. Ich sehe Freundinnen, die sich gegenseitig bei Lösungen helfen, und Eltern, die ihren Kindern beistehen (oder umgekehrt). Ich sehe Führungskräfte, die einige der Impulse anwenden können, um sich oder Mitarbeiter neu zu begeistern (für sie habe ich ein eigenes Kapitel geschrieben, siehe Seite 199 ff.). Lösungsorientiertes Kurzcoaching ist alltagstauglich und schnell umsetzbar.

Ich habe mich zur Abklärung der LOKC-Methode intensiv mit Positiver Psychologie (PP) beschäftigt, einer wissenschaftlichen Bewegung in der Psychologie, die vor allem die Stärken des Menschen in den Mittelpunkt stellt – und nicht seine Fehler, Mängel und Schwächen. Sie erforscht, was gut funktioniert im Leben von Menschen, und stellt nicht das Scheitern in den Fokus.

Prof. Martin Seligman, einer der großen Köpfe der PP, beschreibt es so: »Ich glaube nicht, dass man sehr viel Mühe dafür investieren sollte, seine Schwächen zu bekämpfen. Ich glaube hingegen, dass der größte Lebenserfolg und die tiefste emotionale Befriedigung daraus entsteht, seine Signaturstärken zu nutzen.« Unter Signaturstärken versteht er jene Stärken, die für jeden Menschen so typisch sind wie seine Unterschrift. Andere Coaches sprechen in ihrer Arbeit von »ressourcenorientiertem Arbeiten«. Was auf Ähnliches hinausläuft: Also, was kann ein Mensch besonders gut und wie könnte er diese Fähigkeiten zur Lösung seiner Probleme anwenden?

Ein Beispiel dafür haben Sie in meinem Eingangsbeispiel mit der hundeverrückten Chefin Angelika erlebt. Sie hatte kein gutes Händchen für Menschen – aber mit Hunden hat sie sich gut ausgekannt. Und unter Einsatz ihres Wissens auf diesem Gebiet konnte sie gute Erkenntnisse über ihre Mitarbeiter gewinnen.

Die Positive Psychologie hat aus einer Menge von wissenschaftlichen Studien, Umfragen und Tests definiert, was dem Menschen das Leben lebenswert macht. Die Wissenschaftler sind dabei auf fünf Grundmuster gestoßen, die dazu beitragen, dass Menschen zufrieden sind. Sie decken sich in der Tat mit den Themenfeldern, die bei mir überwiegend in Coachings vorkommen:

1. *Positive Emotionen* (Freude, Genießen): Menschen suchen im Coaching nach mehr Lebensfreude. Sie brauchen Lösungen, die Stress abbauen und Zufriedenheit steigern.
2. *Flow* (sich in eine Tätigkeit versenken und die Zeit darüber vergessen): Menschen suchen im Coaching danach, wofür sie sich ganz und gar engagieren möchten, sei es privat, beruflich oder im Ehrenamt. Sie möchten tun, was sie gern tun. Und viele suchen Leichtigkeit.
3. *Positive Beziehungen zu anderen Menschen* (privat und beruflich): In manchen Coachings geht es darum, das Verhältnis zu anderen Menschen zu entkrampfen, zum Beispiel zu den Eltern, oder positiv aufzubauen, zum Beispiel zum Vorgesetzten, das soziale oder berufliche Netzwerk zu knüpfen und sich Verbündete zu suchen.
4. *Sinn* (wissen, wofür man etwas tut): Viele Coachings entstehen rund um die klassische 40-plus-Frage nach dem Sinn. Das sind Coaching-Klienten zwischen 35 und 45, die sich fragen: »Möchte ich das bis zur Rente machen?« oder: »Soll das schon alles im Leben gewesen sein?« oder: »Was mache ich nach der Familienphase?«
5. *Kompetenz* (Leistung, Wissen ums eigene Können): In manchen Coachings geht es um die Frage: »Wer bin ich und was kann ich?« Viele Menschen, auch sehr erfolgreiche, wissen vielleicht, dass sie gute Leistung bringen, aber sie fühlen sich nicht großartig. Und sie suchen im Coaching nach den Antworten auf die Frage: »Was kann

ich, was die Welt braucht?« oder: »Was braucht die Welt, was ich kann?«

In diesen fünf Bereichen suchen Menschen nach Wohlbefinden (dieser Begriff ist weniger spektakulär als »Glück«), und manchmal schaffen sie das allein nicht. Sie haben eine begrenzte Fantasie dafür und begrenzte Lösungsideen. Diese Begrenzung kann durch Coaching aufgebrochen werden. In diesem Prozess können Menschen regelrecht aufblühen. Das englische Wort dafür ist »flourish« (und so heißt auch das neue Buch von Martin Seligman)*.

Wunderbaren Dünger fürs Aufblühen bietet die LOKC-Methode, bestehend aus den drei Strategien Lösungen, Orientierung und Kürze. Also, auf geht's!

Die LOKC-Strategie 1: Lösungen finden – aber die eigenen!

Wir lernen nur, wenn wir begeistert sind.
Prof. Dr. Gerald Hüther

Prof. Dr. Gerald Hüther, einer der erfahrensten Hirnforscher Deutschlands, muss es wissen. Er beschäftigt sich seit langer Zeit mit der Freude am Lernen. Da Lösungen zu finden auch eine Art Lernen ist, weil damit eingeschlagene Wege verlassen oder zumindest verändert werden, geht es beim Coachen ebenfalls um Begeisterung. Das ist der Grund, warum Menschen die *eigenen* Lösungen eher umsetzen als

---

* Martin Seligman: *Flourish – Wie Menschen aufblühen. Die Positive Psychologie des gelingenden Lebens,* München: Kösel 2012

die aufgedrückten. Und warum das Coaching auf die eigenen Lösungen setzt.

Das kennen wir doch alle: Eine forsche Anweisung von jemand anderem, zum Beispiel »Mach das mal so«, weckt wenig Begeisterung. Aber die Frage »Was kannst du selbst tun, damit du ...?« oder »Hast du mal überlegt, ob ...?« ist der reinste Gehirndünger. Er zündet ein Gedankenfeuerwerk, weckt den Spaß an der eigenen Klugheit, macht neugierig auf gewitztes Denken und auf die eigene Fantasie. Das sieht man schon am Aufleuchten der Augen, an der plötzlichen Muskelspannung, am Aufrichten des Körpers. Die gefundenen Antworten elektrisieren, setzen Kräfte frei und machen bereit für die Umsetzung. Ich glaube, hiermit ist schon ein Teil des Coaching-Erfolgs beschrieben, den wir erleben. Kurz zusammengefasst: Coaching ist sexy!

Neue Gedankenwege zu gehen ist ein Akt der Befreiung. Coachen hilft dabei, Lösungen zu finden. Was bedeutet denn Lösung? Es bedeutet, sich von etwas lösen, etwas loslassen, Fesseln lösen, Spannung lösen, sich von (falschen) Überzeugungen lösen, Lebensrätsel lösen, Verwicklungen lösen, Verwirrung lösen.

Denken Sie an einen Entfesselungskünstler im Zirkus oder im Varieté, der es schafft, sich innerhalb weniger Minuten aus schweren Ketten, gesichert von riesigen Schlössern, unter Wasser oder in einer engen Kiste, zu befreien. »Ja, aber das sind doch alles nur Tricks«, werden Sie einwenden. Ja, eben. Wie oft sitzen wir in einer dunklen Gedankenkiste, vermeintlich gehalten von schweren Ketten, gesichert mit riesigen Schlössern, sooo riesig. Es sind Tricks, die wir brauchen, um uns befreien zu können. Tricks, die uns helfen, die Ketten abzustreifen, die Schlösser zu sprengen und aufzutauchen aus dem Dunkel der Kiste – Tricks, auch genannt: Methoden, Übungen, Ideen, Strategien, Impulse.

Wer sich von den vermeintlichen Fesseln lösen kann, wird frei – frei im Denken, frei im Handeln und frei für Neues. Lösungsorientiert heißt zuallererst einmal, überhaupt daran zu glauben, dass es eine Lösung gibt. Es gibt Schlüssel für die Schlösser, Bewegungen, um Ketten abzustreifen. Es gibt Menschen hinter den Kulissen, die uns aus der Kiste helfen.

Dabei fällt mir die Geschichte von dem Mann ein, der in einem Raum immer wieder gegen die Tür gelaufen ist, um sie aufzudrücken. Wieder und wieder, vergeblich. Die Pointe: Die Tür ging nach innen auf. Können Sie sich vorstellen, wie es wäre, nach vielen Versuchen und einigen blauen Flecken diese Erkenntnis zu haben: Hallo, die Tür ist gar nicht abgesperrt, sie geht nur nach innen auf! Hallo, ich bin gar nicht ohnmächtig, nicht das hilflose Opfer, dem Schicksal oder dem bösen Tun anderer Menschen ausgeliefert – ich kann es wenden! Denn es gibt eine Lösung!

Vor Kurzem, es ist November 2011, habe ich mit einer Bekannten telefoniert. Caroline, 61, arbeitet als Krankenschwester in einem kleinen privaten Krankenhaus. Seit einem Arbeitsunfall, der sie einige Monate aus der Bahn geworfen hat, ist das Verhältnis zu ihrer Chefin getrübt. Die Chefin schikaniert sie, legt ihre Dienstzeiten sehr ungünstig, hat ihr die Teamleitung weggenommen, bezahlt die Kolleginnen besser als sie, obwohl meine Bekannte die Frau mit der größten Erfahrung im Team ist.

Caroline rief mich also an, sie weiß, dass ich Coach bin, und fing nach zehn Sekunden an zu weinen. »Es tut mir leid, dass ich jetzt flennen muss.«

»Ach, du Liebe, warum weinst du denn?«

Sie, schniefend: »Ich war jetzt zwei Wochen krank und muss Montag wieder arbeiten. Ich kann nicht mehr.«

»Was ist denn passiert?«

»Meine Chefin hat mir andere Dienstzeiten zugewiesen

und andere Aufgaben. Aber das pack ich nicht. Ich kann da nicht mehr hin.« Sie fängt wieder an zu weinen.

Ich lasse sie fünf Minuten erzählen, was in den letzten Monaten passiert ist, und sie sagt abschließend: »Ich glaube, meine Chefin will mich rausdrängen, dass ich vorzeitig in Rente gehe. Aber ich kann mir das doch noch nicht leisten.«

»Wann würdest du denn in Rente gehen wollen?«

»Im Herbst 2012.«

»Also, so lange willst du noch durchhalten?«

»Ja, aber ich schaffe das nicht.« Sie weint wieder.

Etwas später, als sie sich wieder beruhigt hat, frage ich sie: »Wenn eine Kollegin dir diese Geschichte erzählen würde, was würdest du ihr raten?«

Caroline überlegt kurz und sagt: »Ich würde ihr raten, mit der Chefin ganz ehrlich zu sprechen. So geht's doch nicht weiter.«

Ich: »Ist das eine gute Idee?«

»Ja, ich glaube, ich muss das tun. Ich weiß ja gar nicht, was sie gegen mich hat, was habe ich denn getan?«

»Frag sie.«

»Aber ich kann nicht so gut kritisieren, das ist doch mein Problem.«

»Warum musst du das? Wäre es nicht besser, wenn du einfach von dir erzählen würdest, wie es dir geht? Und was du dir vorstellst, wie es weitergehen sollte?«

Caroline ist jetzt ganz konzentriert: »Ja, das könnte ich. Ich könnte sagen, Frau X., ich möchte noch bis Ende des nächsten Jahres arbeiten. Wie können wir das hinkriegen?«

»Ja, das klingt gut.«

»Aber wenn ich dabei wieder weinen muss?«

»Dann weinst du halt. Danach putzt du dir die Nase und sagst noch mal, was du von ihr möchtest. Schlechter als jetzt kann die Situation nicht werden, oder?«

»Nein, schlimmer geht's nicht.«

»Dann kann es also nur besser werden?«

»Ja, ich werde am Montag mit ihr sprechen. Ich will von ihr wissen, warum sie mich so behandelt. Ich will diesen anderen Dienst nicht. Ich will bis Ende 2012 arbeiten.«

»Rufst du mich an, wenn du mit deiner Chefin gesprochen hast?«

»Ja, das mache ich. Danke.«

Welche Menschen brauchen Lösungen?

- Die etwas erreichen wollen
- Die etwas verändern wollen
- Die unglücklich über etwas sind
- Die ein Problem haben
- Die eine Herausforderung suchen
- Die Wünsche verwirklichen wollen
- Die Sehnsüchte haben
- Die Erfolg haben wollen

Ich habe vor vielen Jahren einmal selbst in einer sehr bedrückenden Situation, in der ich keinen Ausweg mehr sah, einen wildfremden Menschen getroffen, der mir tröstend gesagt hat: »Es gibt immer eine Lösung, auch wenn Sie sie noch nicht sehen!« Was ist in dem Augenblick passiert? Ich habe meinen Kopf gehoben, habe mich entspannt, habe meine Tränen getrocknet, habe wieder geatmet. Mein Hirn, das in Schockstarre gelegen hatte, fing wieder an zu arbeiten. Und ein Hauch von Hoffnung schlich sich in mein trauriges Gemüt.

Es gibt immer eine Lösung, auch wenn wir sie noch nicht sehen. Das ist grandios. Denn es impliziert, dass wir nur hingucken müssen, und wir werden sie entdecken. Die Lösung ist quasi schon da – wir müssen nur noch das Türchen aufsperren, hinter der sie sich vielleicht versteckt. Und allein kommen wir oft nicht darauf. Die kleistsche Formel von der allmählichen Verfertigung der Gedanken beim Reden ist der Schlüssel. Wir müssen reden, wenn wir auf eine Lösung kommen wollen. (Oder wenn wir gerade niemanden haben, dann können wir aufschreiben, was wir denken.)

Deshalb spreche ich von Lösungsorientiertem Kurzcoaching. Es geht nicht um Fragen oder Statements: Wer ist schuld? Warum hast du nicht ...? Die anderen sind so gemein! Immer bist du so! Mach doch! Ist doch einfach! Es geht auch nicht um die jahrelange Aufarbeitung von Kindheitserfahrungen oder alten Kränkungen. Es geht nicht um den Blick zurück (vielleicht mal ganz kurz und zielgerichtet), sondern um Wünsche: Ich möchte! Ich will! Ich werde! Es geht darum, Hirnleere zu überwinden, Denkstarre zu lösen, Gefühle in Wörter zu fassen, Wünsche aussprechen zu dürfen. Das alles bedeutet: Stress zu lösen. Denn Stress macht blöd.

Haben Sie das gewusst: Stress macht blöd. Warum? Weil in Stresssituationen die Hirntätigkeit eingeschränkt ist. Angst und Probleme aktivieren die reinen Überlebensmechanismen: flüchten oder kämpfen. Das Blut fließt in die unteren Extremitäten (zum Weglaufen), die Kraft konzentriert sich in den Muskeln (zum Zuhauen), da bleibt nicht viel fürs Hirn: Wir können nicht mehr denken. Jeder kennt das wahrscheinlich aus der Zeit als Schüler: Du hattest zu Hause wirklich die Vokabeln gelernt, und kaum wurdest du in der Schule abgefragt und der Lehrer erzeugte tüchtig Stress, dann standest du da wie ein Volltrottel.

Wenn wir also auf Lösungen kommen wollen, weil wir unglücklich sind, müssen wir den Stress lösen, um wieder an unsere Kreativität zu kommen. Und das geht am besten im Gespräch mit einem wohlmeinenden Menschen. Wer andere coachen möchte, muss deshalb wissen, wie Menschen ticken. Zum Beispiel sollte er wissen, dass das Allerwichtigste, was Menschen in Zweifel und Verwirrtheit brauchen, Geborgenheit ist. Geborgenheit und nochmal Geborgenheit. Deshalb hilft es nichts, die Gestressten mit munteren Durchhalteparolen aus ihrer Gefühlslage peitschen zu wollen: »Halt die Ohren steif« oder: »Das schaffst du schon«. Sondern zuallererst heißt es zuhören, ausreden und Dampf ablassen lassen. Und dann, wenn sich der Mensch wieder gefasst und »ausgekotzt« hat, dann kommt der Augenblick, wo wir ihn vorsichtig in Richtung Lösung begleiten können.

Ich habe einmal die sieben Schritte der Krisenintervention gelesen, also was Helfer tun sollten, wenn sie einen Menschen aus einer schlimmen Situation gerettet haben:

Schritt 1 – Geborgenheit geben
Schritt 2 – Geborgenheit geben
Schritt 3 – Geborgenheit geben
Schritt 4 – Geborgenheit geben
Schritt 5 – Geborgenheit geben
Schritt 6 – Das, was geschehen ist, kurz und beruhigend ansprechen
Schritt 7 – Wieder bei Schritt 1 anfangen: Geborgenheit geben

Also noch mal: Geborgenheit ist auch beim Coachen tausendmal wichtiger als kluge Vorschläge oder eine perfekte Gesprächsführung. Das heißt: Gib einem Menschen das Gefühl, verstanden zu werden und nicht allein zu sein, und er kann reden, meinetwegen auch heulen oder wütend sein. Er kann dadurch entspannen und wieder die Möglichkeit bekommen, nach vorne zu schauen.

Geborgenheit schaffen wir manchmal, indem wir dem

anderen erzählen, dass wir schon einmal etwas Ähnliches erlebt haben und wie sich die schwierige Situation geklärt hat. Ich halte viel von solchen Geschichten, auch in meinen Coachings, ich erzähle von mir oder Freunden oder Seminarteilnehmern. Denn diese Geschichten tragen den Keim der Lösung in sich, und der ist ansteckend (auch wenn jemand denken mag, dass es noch nie jemandem schlechter gegangen ist als ihm).

Vielleicht kennen Sie die alte lateinische Weisheit »Verba docunt, exempla trahunt« - Die Worte belehren, die Beispiele reißen mit. Bei meinen Vorträgen erlebe ich diese Weisheit immer wieder. Die Zuhörer können sich jahrelang an die - emotionalen - Geschichten, die ich erzählt habe, erinnern, Fakten werden bald vergessen. (Ich sage nur: grünes Seidenkleid. Das ist die Geschichte, mit der ich seit mehr als zehn Jahren ZuhörerInnen in Vorträgen zum Lachen und Weinen bringe.)* Also scheuen Sie sich nicht, wenn Sie anderen bei der Lösungssuche beistehen, von sich selbst zu erzählen - und zwar nicht von Heldensagen, sondern von Ihrem Scheitern und anschließenden Bemühungen, aus dem dunklen Loch wieder herauszukommen. Eine Geschichte schlägt jedes Rezept!

---

* Wenn Sie die Geschichte noch nicht kennen: Hier können Sie sie im Video erleben: www.asgodom.de/video-audio/videos

Die LOKC-Strategie 2: Orientierung bieten – Perspektiven machen froh!

»Mit welchen Problemen kommen denn die meisten Coaching-Kunden zu Ihnen?«, werde ich oft gefragt. »Die meisten kommen gar nicht mit Problemen«, antworte ich dann. »Sie brauchen Orientierung.« In der Tat geht es im weitaus größten Teil der Coachings um Zukunftsperspektiven: Wohin möchte ich gehen? Für welche Alternative sollte ich mich entscheiden? Was spricht wofür? Und wie komme ich dahin?

Treibstoff ist dabei durchaus manchmal eine latente oder konkrete Unzufriedenheit. Ein häufig gehörter Satz: »Das kann doch noch nicht alles in meinem Leben gewesen sein.« Oder: »Ich möchte noch mehr aus meinen Fähigkeiten machen.« In den meisten Fällen kommen Menschen, um eine Lösung in die Zukunft hinein zu entwickeln. Und das hat mit Orientierung zu tun. Lassen Sie mich das an einem Beispiel erläutern:

Stellen Sie sich vor, Sie verliefen sich als Europäer in einer chinesischen Großstadt. Sie sprächen kein Wort Chinesisch und könnten deshalb auch kein einziges Schild lesen. Sie kämen an einen Platz, auf den vier große Straßen mündeten. Wonach würden Sie sich orientieren, um wieder zu Ihrem Hotel zurückzufinden?

Eine Minute Zeit zum Nachdenken ...

Ich würde schauen: Kommt mir irgendetwas bekannt vor? War ich hier schon einmal? Kann ich die Himmelsrichtungen erkennen? Gibt es einen Fluss, an dem ich mich orientieren könnte? Oder ein großes, weit sichtbares Gebäude? Vielleicht schaffte ich es so, mich zu orientieren und mein Ziel zu finden.

Wenn nicht, käme ich vielleicht auf diese Idee: Ich hielte ein Taxi an und sagte den Namen des Hotels, in der Hoffnung, ich spräche es richtig aus (was nach meiner Erfahrung in Asien eher unwahrscheinlich ist). Dann käme ich auf die Idee, mich unter dem fantasievollen Einsatz von Körpersprache und entsprechenden kindischen Lauten wie »tschutschutschu …« und »wiuwuu!« verständlich zu machen (äh, das war gerade ein Zug). Ich würde hoffen, dass der Taxifahrer so kapiert (sein verdutztes Gesicht würde mich nicht abhalten), dass er mich zum Bahnhof fahren soll. Dort gäbe es vielleicht eine Touristeninformation, bei der jemand Englisch spricht …

Manchmal stehen wir in unserem Leben an einem Platz mit vier vergleichbaren Wegen und wissen nicht, auf welchem wir zu unserem Ziel finden. Wir versuchen uns zu orientieren, schauen nach etwas Bekanntem, etwas Vertrautem. Gibt es irgendwelche Entscheidungsmerkmale, an denen wir uns entlanghangeln können? Und vielleicht finden wir dadurch auf eigene Faust unseren Weg.

Manchmal müssen wir aber ein Taxi anhalten. Übersetzt heißt das, die Hilfe eines anderen Menschen erbitten, um den richtigen Weg zu finden. Einen Menschen, der uns versteht; der uns hilft, ein Bewusstsein für das Terrain zu entwickeln; der sich vor Ort auskennt; der die Wegweiser lesen und als Reiseführer dienen kann. Also, manchmal brauchen wir einen Begleiter auf dem Weg zu unserem Ziel. Das meine ich mit der Strategie »Orientierung« in der LOKC-Methode.

Was geschieht, wenn wir die Orientierung wiederfinden? Wir heben den Kopf und damit den Blick. Und nehmen die Außenwelt wieder wahr. Wir starren nicht mehr wie das Kaninchen auf die Schlange. Sondern wir schauen wieder nach vorn mit freier Aussicht. Wenn du den Blick hebst, kannst du das Ziel ins Auge fassen. Dann begegnest du auch anderen wieder auf Augenhöhe.

Was heißt das fürs Selbstcoaching oder das Coachen von anderen? Hebe deinen Blick vom »Problem«, das dich lähmt, zum Ziel, das dir ein selbstbestimmtes Leben schenkt. Ganz philosophisch kann man sagen: Nur wer den Kopf hebt, kann den Weg sehen.

Gründe zu finden, warum etwas nicht geht, das kann man auch gut mit gesenktem Kopf. Meistens machen solche Gründe und Begründungen den Menschen immer mutloser – es hat ja doch keinen Sinn. Dazu kommen lähmende Schuldzuweisungen von »Ich müsste eigentlich«, »Ich bin zu blöd« bis »Der/die ist schuld«.

Den Blick heben heißt, Hoffnung zu haben, dass es sich lohnt hinzuschauen. Und diese Hoffnung ist es, die dann auch die Kraft gibt, loszulaufen: »Ja, ich kann handeln.«

Coaching-Impulse, die zu »Orientierung« passen, verbindet Folgendes:

- Sie helfen, den Blick zu heben.
- Sie ermöglichen einen guten Ausblick.
- Sie verschaffen einen Überblick.
- Sie schaffen die Basis für weitere Entscheidungen in Richtung Ziel.
- Sie haben oft Spielcharakter, weil der spielerische Aspekt die Fantasie fördert.

Wichtig, wenn Sie die Impulse im Selbstcoaching anwenden:

- Überlegen Sie als Erstes, zu welchem Resultat Sie kommen wollen. Ein Beispiel: Es kann sein, dass Sie entweder etwas Konkretes aktiv verändern oder Ihre Einstellung dazu verändern wollen. Sprich: »Sie soll nicht mehr …« oder: »Ich will mich nicht mehr darüber aufregen, dass sie …«
- Psychologisieren Sie lieber zu wenig als zu viel. (Denken Sie dran: *Viele* Menschen hatten eine schwere Kindheit,

die Auswirkungen können sehr unterschiedlich sein und erklären nicht alles.)

- Achten Sie darauf, ob Ihre Gedanken Sie in eine Abwärtsspirale ziehen (»Es ist alles so schwer«) oder in eine Aufwärtsspirale (»Da ist etwas möglich«). Stoppen Sie die Gedanken, wenn sie bergab führen.
- Achten Sie darauf, den Blick in die Zukunft zu richten: Was möchte ich, was kann ich, wo liegt mein Ziel …

Einen begnadet einfachen Gedankenstopper hat sich Martin Seligman, der Positive Psychologe, einfallen lassen. Er empfiehlt: Wenn Sie dazu neigen, sich in lähmende Gedanken zu verstricken, tragen Sie ein Flitschgummi, sprich einen Büro-Gummiring, am Handgelenk. Wann immer Sie anfangen, sich in der Abwärtsspirale Ihrer Gedanken zu verlieren, wie »Das geht bestimmt nicht …«, »Das schaffe ich bestimmt nicht …«, »Wahrscheinlich mag mich keiner …«, dann ziehen Sie kurz an dem Gummiband und lassen es zurückschnellen. Autsch, das tut weh – und der kleine, fiese Schmerz unterbricht Ihre Gedankenspirale: »Okay, ich höre ja schon auf damit.«

Wichtig, wenn Sie jemand anderen im Coaching begleiten:

- Lassen Sie sich gleich zu Beginn sagen, zu welchem Ergebnis der andere Mensch kommen möchte. Dies ist Ihr Leitfaden zur Orientierung.
- Stellen Sie keine Mutmaßungen über die Beweggründe des anderen an.
- Psychologisieren Sie lieber zu wenig als zu viel.
- Hüten Sie sich, zu einfache Zusammenhänge herzustellen nach dem Muster: »Ja, du kannst bestimmt nicht Nein sagen, weil du als kleines Kind …« Oder: »Kein Wunder, dass dir das passiert ist, so wie du dich gibst …«

- Und hüten Sie sich auch davor, zu sehr in die Tiefe zu gehen. Bitte niemals vergessen: Sie machen keine Psychoanalyse, sondern helfen bei einem konkreten Lösungswunsch.

Viel wichtiger als zu spekulieren und zu psychologisieren ist, einfach sehr achtsam zuzuhören.

- Ermutigen Sie den anderen: »Sag, was du dir wünscht.«
- Werten Sie nicht, vermeiden Sie alle Einschränkungen, wie: »Das geht doch nicht.«
- Nehmen Sie sehr bewusst wahr, wie der andere Mensch reagiert.
- Lassen Sie ihn die Erkenntnisse oder Ergebnisse selbst interpretieren. Es kann sein, dass Sie zu ganz anderen Schlüssen kommen würden – aber es geht nicht um Ihre, sondern um seine.
- Hören Sie achtsam auf seine Aussagen. Welche Sätze laden ein, sie weiterzuverfolgen? Welche sollten Sie stoppen, weil sie nur wieder zur Nabelschau führen? Helfen Sie, Dinge auf den Punkt zu bringen: »Wie meinst du das?« Und achten Sie auf Ihre eigenen Grenzen, an denen Sie merken, dass Sie überfordert sind.
- Übernehmen Sie die Verantwortung dafür, was Sie sagen, aber nicht für den anderen oder gar für das Erreichen des Ziels.

Die LOKC-Strategie 3:
In der Kürze liegt die Würze

Neulich habe ich von einem »COACH«-Modell gelesen, das sich in fünf Phasen aufteilt, die jede für sich sehr zeitintensiv sind:

1. Kennenlern- und Kontaktphase
2. Orientierungsphase
3. Analysephase
4. Veränderungsphase
5. Zielerreichung und Abschluss

Solche Coachings dauern denn auch zwischen sechs Monaten und bis zu zwei Jahre.

Also, das ist ganz sicher eine andere Coaching-Schule als meine. Bevor sich in diesem Modell Coach und Coachee überhaupt die Hand geschüttelt haben, bin ich mit dem Coaching schon fertig. Die Klienten, die zu mir kommen, wissen bereits alle, was Sie von mir erwarten können, und sie wissen auch, was sie in etwa erwartet. Dafür mache ich ein Vorgespräch, dafür bekommen sie den Fragebogen vorher zugesandt. Dafür haben wir vorher die Coaching-Ziele genau definiert. Und dafür arbeite ich seit Jahren an meiner »Visibility«, wie die Amerikaner sagen, also an meiner Sichtbarkeit. Das heißt, ich mache mich bekannt. Denn warum sollte jemand den »Coach im Sack« kaufen?

Sprich, in meine Coachings kommen überwiegend Menschen,

- die meine Bücher gelesen haben,
- die mich auf Vorträgen erlebt haben,
- die mich im Fernsehen gesehen haben,
- die mich im Radio gehört haben,

- die auf meiner Homepage waren,
- die meine Kolumnen gelesen haben,
- die ein Interview mit mir gelesen haben,
- denen ich empfohlen worden bin.

Wenn wir uns zusammensetzen, dann sind die Grundinformationen, was Inhalt und menschliche Art betrifft, schon ausgetauscht. Deshalb sind meine Coachings kurz und bündig. Ich verlange doch nicht Hunderte von Euros dafür, dass mir jemand seinen Lebenslauf erzählt!

Die Steigerung der normalen Kurzcoachings sind die Minuten-Coachings bei Vorträgen oder im Fernsehen. Vertrauen zu mir ist die Voraussetzung dafür, dass Menschen sich trauen, auf die Bühne oder in meine Sendung zu kommen. Sie sind ja nicht wahnsinnig (und es sind keine bezahlten Laienschauspieler, sondern ganz normale Menschen). Wer mich erlebt hat, kann einschätzen, wie ich bin und wie ich arbeite. Und sie vertrauen mir. Weil sie mich erleben oder erlebt haben.

Für andere Coaches heißt das: Werden Sie sichtbar. Zeigen Sie sich mit Ihrer Art, Ihren Überzeugungen und Ihrem Umgang mit Menschen. Nicht jeder mag ein Buch schreiben. Aber zumindest auf der Homepage sollte genug Platz sein, um sich zu zeigen - nicht zu präsentieren, sondern zu zeigen, wie Sie ticken, welchen Erfahrungsschatz Sie bergen und wie Sie im Coaching arbeiten.

Wenn Sie als nicht professioneller Coach jemanden bei der Lösungssuche begleiten wollen, haben Sie dieses Problem gar nicht. Der andere wird Sie sowieso nur fragen, wenn er mit Ihnen »kann«. Wenn er Ihnen vertraut und zutraut, dass Sie ihn verstehen werden und auf seiner Wellenlänge liegen.

Zurück zur LOKC-Strategie 3: Mut zur Kürze!

Ein kleines Beispiel: In einem Seminar mit 40 berufstätigen Frauen sitzt eine Teilnehmerin, die einen sehr smarten Eindruck macht. Nennen wir sie Inge. Inge ist Ingenieurin, hat eine Familie, pendelt seit einigen Jahren zwischen Heimatort und Arbeitsort hin und her – das klappe total prima, hat sie mehrfach betont.

Bei einem Coaching-Impuls, dem Motivationsraster (siehe Seite 117 ff.), den ich mit allen Teilnehmerinnen mache, liest Inge mehrfach den Begriff »Freunde« statt »Freude«. Ich schiebe ein kleines Kurzcoaching ein, um dahinterzukommen, warum das Thema »Freunde« bei ihr so stark ist. Und sie erzählt nach kürzester Zeit sehr offen, dass sie durch das Pendeln kaum mehr Freunde hat und an ihrem Arbeitsort furchtbar allein ist. Sie hat Tränen in den Augen, als sie davon erzählt. Wir erleben den »Fluch der starken Frauen«, wie ich dieses Phänomen nenne. »Das schaffe ich schon; das halte ich schon aus; das geht schon!« Im geschützten Raum des Seminars kann Inge einmal die nach außen gezeigte Stärke ablegen und ehrlich sein.

Ich biete ihr an, mich in der nächsten Kaffeepause mit ihr zusammenzusetzen und das Thema zu vertiefen – in einem solch großen Seminar kann ich leider nicht zu lange auf eine Einzelne eingehen. Und außerdem gibt es Dinge, die kann man nur im vertrauten Zweiergespräch sagen. Gesagt, getan. Wir setzen uns etwas abseits von den anderen Teilnehmerinnen an einen Tisch und ich frage nach: »So toll klappt das wohl doch nicht mit dem Pendeln?«

Inge fängt an zu weinen und erzählt die Geschichte in Kurzform: Es sollte eine Übergangsregelung sein – ihr Mann wollte nachkommen mit dem Sohn – er hat dann eine tolle Anstellung am Heimatort gefunden – sie haben dort ein Haus gebaut – sie wohnt während der Woche in der anderen Stadt in einem kleinen Zimmer – hat dort keine Freunde, kein Hobby – die Wochenenden gehen immer viel zu schnell vorbei.

»Ich will wieder nach Hause«, schluchzt sie, ein Häufchen Elend.

»Wie könnte das gehen?«, frage ich zurück.

»Das weiß ich auch nicht. Wir brauchen doch mein Gehalt, um das Haus abzubezahlen.«

»Weiß Ihr Mann, wie unglücklich Sie sind?«

»Nein, nicht so genau.«

»Wäre es Zeit, ihm das zu sagen?«

»Ja, das wär's wohl.«

Inge richtet sich ein kleines bisschen auf, ist sehr konzentriert.

»In welchem Unternehmen arbeitet denn Ihr Mann? Könnten Sie da nicht eine Stelle finden?«

»Das habe ich vor Jahren einmal versucht. Aber das war in der Krise, da ging gar nichts.«

»Könnten Sie es jetzt nicht noch einmal versuchen?«

Inge trocknet sich die Augen, schneuzt in ihr Taschentuch und sagt mit klarer Stimme: »Ja, das könnte ich natürlich.«

Ich habe eine Redensart, mit der ich seit Langem meine Familie und Freunde nerve: »Seht ihr, es gibt keine Zufälle im Leben!« Aber ich habe so oft recht! Im weiteren Gespräch mit Inge stellt sich nämlich heraus, dass ich den Geschäftsführer und eine Managerin des Unternehmens kenne, in dem ihr Mann arbeitet. Ich biete ihr an, einen Kontakt zur Personalleiterin herzustellen. Und das tue ich dann auch. Und öffne ihr damit eine Tür – mehr nicht, aber das ist schon was. Durchgehen muss sie selbst.

Auch diese Art der Vernetzung wende ich in meinen Coachings sehr gern an: Ich kenne jemanden, der macht etwas Ähnliches ..., Ich kenne jemanden, der weiß, wie ..., Ich kenne jemanden, der hat auch schon ... Und ich empfehle meinen Klienten: »Rufen Sie den/die doch mal an, viele Grüße von mir.«

Wie heißt einer der wichtigen PP-Bausteine für ein glückliches Leben? »Gute Beziehungen zu anderen Menschen aufbauen und pflegen.« Auch Coaching-Klienten müssen nicht alles selbst erfinden, sie dürfen sich von anderen helfen lassen. Und wenn ich jemanden kenne, so stelle ich die Verbindung gerne her.

Vor ein paar Tagen hat Inge mir geschrieben, dass sie demnächst ein Vorstellungsgespräch in dem Unternehmen hat – und dass sie an ihrem Arbeitsort einen Yogakurs belegt hat. Holla, das klingt gut. Vor allem das mit dem Yogakurs. Inge ist aus dem Schneckenhaus herausgekommen und beginnt, etwas für sich zu tun. Wunderbar. Vielleicht ein kleiner Schritt für die Menschheit, aber ein großer für sie.

Unser Gespräch hat insgesamt vielleicht 20 Minuten gedauert. Ich habe Inges Redefluss immer wieder einbremsen müssen, weil sie mir zu viele Details erzählen wollte. Aber ich wollte und brauchte nicht wissen, wie groß das Haus ist und warum da noch so viel dran zu tun ist. Mir reichten die Grundinformationen, um sie auf die Gedanken bringen zu können, die ihr eigentlich hätten selbst kommen können. Aber eben nur »eigentlich«.

Grundlagen solcher Kaffeepausen-Interventionen sind vor allem drei Fragen: Wo liegt das Problem? Wie sollte es sein? Woran liegt es? Kurzcoaching heißt, die Starrheit des Denkens aufzubrechen und den einen Dominostein zum Kippen zu bringen, der sich verhakt hat. Es heißt, den einen Puzzlestein einzusetzen, der hilft, das Motiv zu erkennen. Die weitere Vervollständigung des Bildes kann der gecoachte Mensch dann selbst vornehmen. Er ist erwachsen und hat übrigens auch schon vorher gelebt.

Jetzt sehen Sie vielleicht noch einmal deutlicher den Unterschied zwischen geduldig zuhören und trösten – und coachen. Das eine können Freunde leisten – das andere Freunde mit Coaching-Fähigkeiten. Das eine will Tränen trocknen – das andere will Tränen trocknen und helfen, etwas zu verändern, damit sie nicht mehr fließen müssen – und damit einen Hoffnungsstrahl in die Zukunft schicken.

Und Sie sehen: Coachen muss nicht Stunden und Tage dauern. Es geht nicht darum, das ganze Leben zu coachen, sondern an einer Stelle anzupacken, wo es gerade piekst. Früher habe ich gesagt: Therapie ist für kranke Menschen, Coaching für seelisch gesunde. Aber heute denke ich, das stimmt so auch nicht ganz. Auch Menschen, die in einer Therapie sind, kann ein Kurzcoaching helfen, aktive, entlastende Entscheidungen zu treffen. Es kann ihnen zeigen: Vielleicht geht es dir in diesem Bereich schlecht – aber in diesem anderen kannst du etwas tun.

Ziel jedes Kurzcoachings ist es, relativ schnell zu ersten Lösungsschritten zu führen. Und das ist einfacher, als Sie denken. Die gute Nachricht: Die Lösungen haben die meisten Menschen schon längst in ihrem Kopf. Sie kommen aber mit etwas Hilfe besser dran. Und an der Intuition des Coaches liegt es, wie schnell der Prozess in Gang kommt. Und mancher Coaching-Impuls lässt eine Lösung wie von selbst entstehen.

Wenn Sie coachen wollen, trauen Sie sich, Ihrem Bauchgefühl zu vertrauen, stellen Sie Ihre Erfahrung zur Verfügung und Ihre Kontakte. Manchmal können Sie auch Wege verkürzen, indem Sie den Zugang zu Wissen und Fertigkeiten anderer herstellen. In Seminaren führen manche meiner »Minutencoachings« zu klaren Entscheidungen. Ich frage dann gern: »Bis wann werden Sie das machen?« Dann zeigt sich, ob die Lösung angenommen ist. Kommt eine feste Terminzusage, verdoppelt sich die Wahrscheinlichkeit, dass die Entscheidung auch umgesetzt wird.

Und dann setze ich noch eins drauf: »Wer aus der Runde der TeilnehmerInnen soll Sie kurz vorher oder kurz nachher anrufen und Sie erinnern oder nachfragen, wie es war?« Darauf folgt oft ein tiefer Atemzug. Die Gecoachten merken spätestens dann: »Jetzt wird es wirklich ernst.« Und dann suchen sie sich - mehr oder weniger zögerlich - jemanden aus. Visitenkarten werden getauscht, Kalender verglichen - und die Chance, dass die Gecoachten tatsächlich ihren Vorsatz einlösen, hat sich mal eben verdreifacht.

Vielleicht können Sie der Pate/die Patin für eine Lösungsentscheidung sein. Vereinbaren Sie mit dem/der Gecoachten: »Ich rufe Sie bis ... an.« Oder: »Wann soll ich nachfragen, ob du es gemacht hast?« Menschen können sich selbst gut hinters Licht führen, wenn sie sich etwas vorgenommen haben. »Zurzeit geht das gar nicht«, »Wenn ich mal Zeit habe, werde ich vielleicht ...« Aber wenn jemand anderes nachfragt, ist die Wahrscheinlichkeit höher, dass sie tatsächlich tun, was sie sich vorgenommen haben.

Noch ein Impuls zum Thema Kürze: Es gibt eine Zauberfrage, die Menschen sehr schnell zum Punkt bringt. Sie heißt: »Was hält dich davon ab, das zu tun, was du selbst für richtig hältst?« Es ist der Schritt vor dem Schritt, den Menschen manchmal nicht hinkriegen. Es gibt die verborgenen Verhinderungsgründe, die logische Entscheidungen manchmal immer wieder verschieben lassen. Wenn die erkannt und aufgelöst sind, ist der Weg frei für alles andere.

Der Mensch braucht etwa 50 Impulse, um etwas in seinem Leben zu verändern. Von einer Studie, die das herausgefunden hat, hat mir mein amerikanischer Coach-Kollege Doug Stevenson erzählt. Wir standen nach einer Weiterbildungsveranstaltung der amerikanischen Redner-Vereinigung NSA auf dem Flughafen von Phoenix/Arizona und warteten auf unsere Flüge. Und er erzählte von dieser Studie mit den 50 Impulsen: Vielleicht seien es auch nur 46 oder gar 52 Impulse, so genau wisse man das auch nicht. Aber solange der 42., 43. oder 45. Impuls noch nicht angekommen sei, könne der Mensch sein Vorhaben noch nicht anpacken.

Menschen nehmen sich zum Beispiel vor, abzunehmen oder mehr Sport zu machen. Setzen es aber nicht um. Dann lesen sie etwas in der Zeitung, der Wunsch wird erneut wach - ist aber noch nicht stark genug. Dann reden sie mit jemandem, der Ähnliches geschafft hat. Reicht immer noch nicht. Dann sagt ihnen jemand, du kannst doch mal ... Und wenn der 50. Impuls erreicht ist, dann ist es plötzlich ganz einfach.

Mir gefällt dieses Bild, weil es auch erklärt, warum manche Menschen Lösungen so nahe sind, die sie »eigentlich« längst wissen, und durch ein kurzes Coaching, mit vielleicht nur drei oder vier Fragen, plötzlich ins Handeln kommen. Kurzcoachings können also den letzten und entscheidenden Impuls setzen. Oder wie ich es manchmal salopp formuliere: Meine Leidenschaft ist es, Menschen liebevoll in den Hintern zu treten. Und der kleine letzte Schubser ist es manchmal, der sie ins Laufen bringt.

25 Coaching-Impulse

1. Das Alternativrad

Anwendung: Der absolute Lösungsfinder
Situation: Zum Selbstcoachen und beim Coachen von anderen
Voraussetzung: Kreativität, Lust am Spinnen, Zulassen von Fantasie
Methode: Dieser Impuls nutzt die Erkenntnisse des Brainstormings.
Dauer: Zwischen 10 und 30 Minuten

Egal, ob Sie nach einer beruflichen Perspektive suchen, Konflikte mit einem anderen Menschen lösen wollen oder Alternativen für den nächsten Kindergeburtstag sammeln – mit diesem Tool kommen Sie auf Ideen, dürfen »spintisieren« und erst danach die verschiedenen Möglichkeiten auf ihre Realisierung abklopfen. Es verbindet Gefühl und Verstand auf allerbeste Weise.

Hier die fünf Schritte, mit denen Sie das Alternativrad nutzen können:

1. Schritt:
Sie brauchen ein Blatt Papier und einen Stift. Malen Sie als Erstes ein Rad aufs Papier. In die Mitte schreiben Sie Ihr Thema. Beispiele: »Ärger mit Mutter klären«, »Perspektiven« oder »Urlaub«. Ringsherum zeichnen Sie mindesten zehn Speichen. Nach meiner Erfahrung gibt es immer mindestens zehn Möglichkeiten, die Ihnen einfallen können.

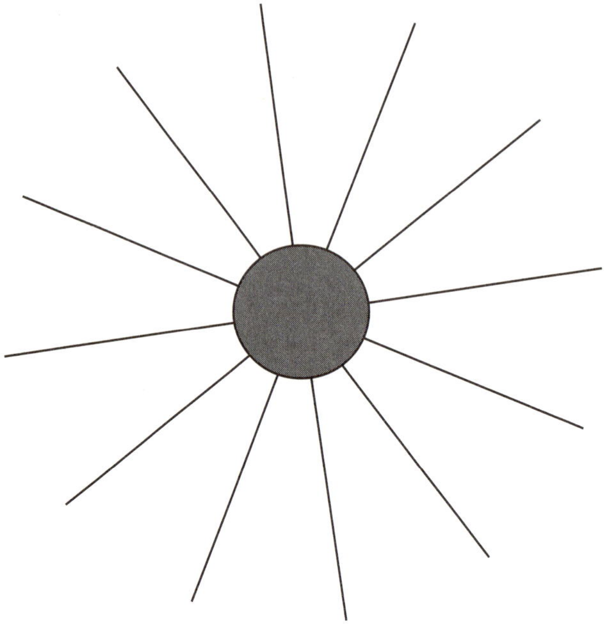

2. Schritt:
Jetzt schreiben Sie an die erste Speiche »Alles bleibt, wie es ist« oder »So wie immer«, je nachdem, was Ihr Ausgangspunkt ist. Diese Möglichkeit gibt es immer, man kann nach sorgfältiger Überlegung auch beschließen, nichts zu ändern (ist selten, aber es ist eine Möglichkeit). Dann lassen Sie Ihre Fantasie spielen und überlegen sich, was Sie sonst noch machen könnten.

Ein Beispiel: Wenn es um berufliche Perspektiven ginge, könnten Sie alles aufschreiben, was Ihnen dazu einfällt:

Alles bleibt, wie es ist – Im Unternehmen in eine andere Abteilung wechseln – Den gleichen Job in einem anderen Unternehmen machen – Sich als Berater selbstständig machen – Sich für eine höhere Position bewerben – Mit Chef/

Chefin über Perspektiven reden – Eine Auszeit (Sabbatical) nehmen – Ins Ausland gehen – Eine Weiterbildung machen – Kündigen und reich heiraten – Arbeitszeit reduzieren – Den Chef/die Chefin absägen – Noch mal studieren – In eine andere Stadt ziehen – Sich mit einem Tagescafé selbstständig machen – In die Politik gehen – Neben dem Job Kurse geben ...

Sie haben gemerkt: Sie dürfen alles aufschreiben, was Ihnen in den Sinn kommt. In dieser Phase gibt es keine Denkbeschränkung. Sie können Unmögliches hinschreiben und Verrücktes, Fantastisches und Illegales. In dieser Phase hat Ihr innerer Kritiker zu schweigen. Deshalb entwickeln Sie ruhig den Ehrgeiz, so viele verschiedene Möglichkeiten aufzuschreiben wie möglich. Und wenn Sie über einige lachen müssen, umso besser.

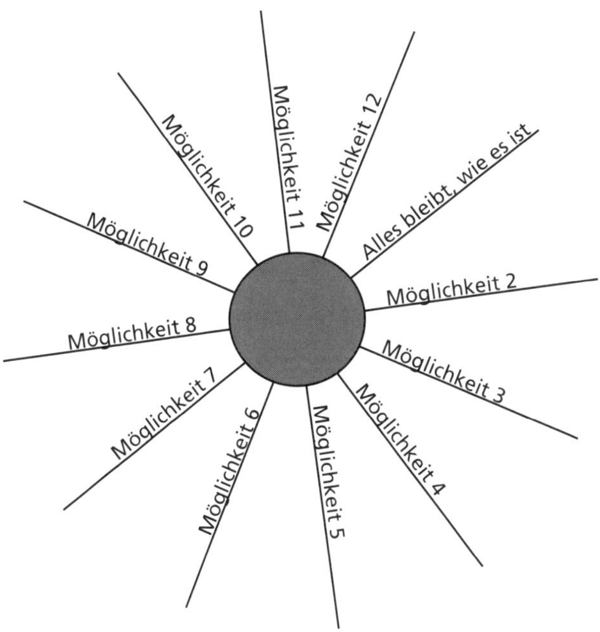

3. Schritt:
Wenn Sie ungehindert gesponnen haben und alles auf dem Blatt steht, was Ihnen eingefallen ist, kommen Sie zur Prüfungsphase. Jetzt setzt der kritische Verstand wieder ein und Sie checken jede Möglichkeit darauf ab, wie gut Ihnen diese Idee gefällt.

Für jede Möglichkeit dürfen Sie Punkte vergeben - zwischen null und zehn. Null bedeutet »Gefällt mir gar nicht«; zehn bedeutet »Superklasse!« Fünf wäre in der Mitte: »Ja, ginge auch«. Also, schauen Sie sich alle Möglichkeiten an und entscheiden Sie, wie sehr sie Ihnen gefallen. Schreiben Sie die entsprechende Zahl an die Speiche. Sie dürfen eine Punktzahl auch mehrfach vergeben.

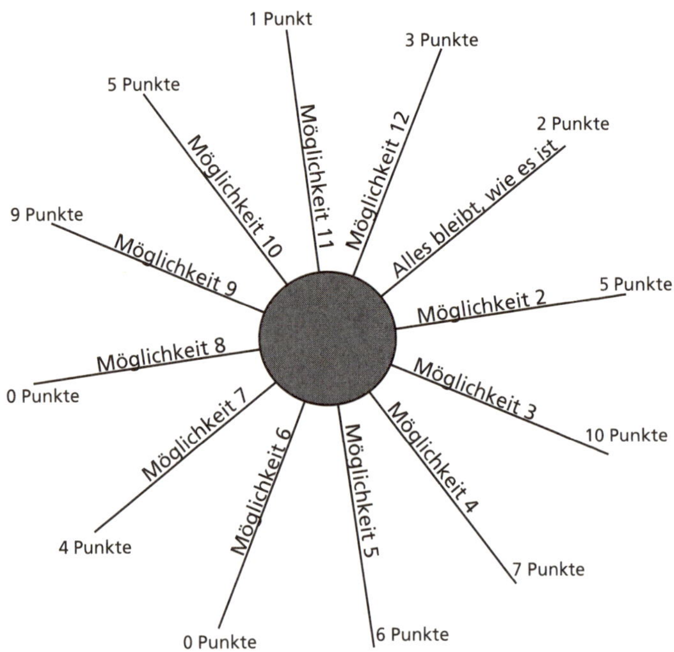

4. Schritt:
Schauen Sie sich jetzt die Möglichkeiten mit den höchsten Punktzahlen an, welche ist »Tagessieger«? Oder gibt es mehrere Favoriten? Ergänzen oder widersprechen sich diese? Könnten Sie verschiedene Möglichkeiten zusammenfassen? Beispielsweise: Auszeit nehmen und dann mit dem Chef sprechen. Oder: Arbeitszeit reduzieren und neben dem Job Kurse geben. Oder natürlich auch: Reich heiraten und kündigen.

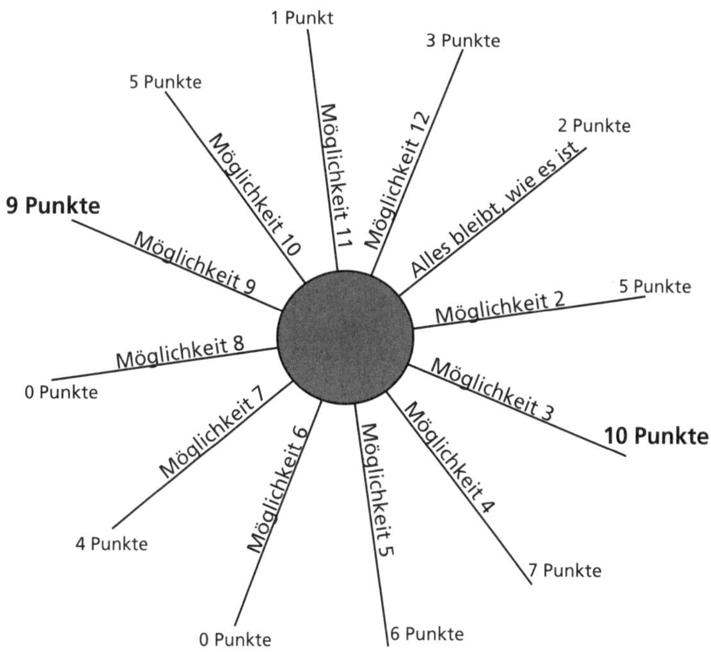

5. Schritt:
Jetzt ist der strategische Verstand gefragt: Checken Sie die gefundenen Möglichkeiten mit hoher Punktzahl auf ihre Umsetzungswahrscheinlichkeit ab. »Was muss ich tun, wenn ich ...?« »Was würde es bedeuten, wenn ich ...?« »Welche Konsequenzen hätte es ...« Manchmal stellt sich heraus, dass keine der anderen Möglichkeiten attraktiv genug ist, eine Änderung einzuleiten. Aber dies ist auch ein Ergebnis: »Ich mache das, was ich jetzt mache, weiter, bis mir etwas sehr viel Faszinierenderes einfällt.«

Und sehr oft ist diese Übung der Anfang einer Veränderung, die »eigentlich« schon lange im Kopf geschlummert hat und die mithilfe dieser kreativen Methode sichtbar und greifbar wird. »Stimmt, ich wollte doch immer schon ...« Oder: »Ja, das Gespräch mit meinem Chef ist überfällig!«

Als Abschluss dieses Coaching-Impulses sollten Sie eine To-do-Liste anlegen: Wonach wollen Sie sich erkundigen, welche Termine wollen Sie vereinbaren, wofür brauchen Sie ein Konzept oder einen Plan? Mein Tipp: Verbinden Sie diesen Maßnahmenplan mit Terminen: Legen Sie also fest, bis wann Sie was machen werden. Und diese Termine sind verbindlich.

Besonderheit beim Coachen

Ziel ist es, dass der Gecoachte selbst auf Ideen kommt. Wenn dessen Fantasie nicht sehr blüht, dürfen Sie durchaus auch Anregungen geben, immer in Form von Fragen: »Können Sie sich vorstellen, auch mal ins Ausland zu gehen?« Manchmal sind Wünsche und Sehnsüchte tief in der Seele vergraben und es braucht einen Schatzgräber, um sie ans Tageslicht zu bringen. Keine Angst vor Manipulation, spätestens in der Bewertungsrunde, bei der nur der Gecoachte – völlig unbeeinflusst – Punkte vergeben darf, wird sich herausstellen, ob es wirklich seine Präferenz ist. Ich füge beispielsweise fast immer »Reich heiraten« ein, weil ich damit die Erlaubnis zur Absurdität gebe.

Fragen beim Coachen und Selbstcoachen

Manchmal kommen wir allein nicht auf sehr kreative Ideen. Deshalb hier ein paar Fragen, die Ihnen beim »Spinnen« helfen können:

- Was würde einem fünfjährigen Kind einfallen?
- Was würde einem Träumer einfallen?
- Was wäre die verrückteste Lösung?
- Was wäre die einfachste Lösung?
- Was wäre die Lösung, wenn Geld keine Rolle spielen würde?
- Was würde einem Pragmatiker einfallen?
- Was würde Ihrer Mutter dazu einfallen?
- Was würde Ihrem Vater dazu einfallen?
- Was würden Sie tun, wenn Sie jünger wären?
- Was würden Sie tun, wenn Sie älter wären?
- Was wäre die Lösung, wenn Zeit keine Rolle spielen würde?
- Was würden Sie tun, wenn Sie ein Mann wären?
- Was würden Sie tun, wenn Sie eine Frau wären?

2. Die Kamelpfad-Strategie

Anwendung: Große Ziele in erreichbare Teilziele verwandeln
Situation: Zum Selbstcoachen und beim Coachen von anderen
Voraussetzung: Fantasie, strukturiertes Denken, Gefühl für Details
Methode: Dieser Impuls nutzt die Erkenntnisse der Meilensteinplanung.
Dauer: Zwischen einer und drei Stunden

Der Coaching-Impuls der Kamelpfad-Strategie ist immer dann hilfreich, wenn sich jemand ein Ziel vorgenommen hat, das aber plötzlich viel zu weit entfernt oder zu hoch erscheint. »Das schaffe ich nie« ist oft die Botschaft, die das kritische Kopfkino schickt. Es ist egal, um welches »große« Ziel es geht – und was groß ist, ist sehr individuell. Die Angst vor der viel zu hohen Hürde lähmt die Kräfte und macht mutlos. Dieser Coaching-Impuls hilft, die Angst aufzulösen und die Kräfte zu fokussieren, die Strecke begehbar zu machen. Egal, was Sie sich vorgenommen haben:

Eine Weiterbildung beginnen – Sich selbstständig machen – Zehn Kilo abnehmen – In eine andere Stadt ziehen – Eine Patchworkfamilie gründen – Kündigen – Einen Schulabschluss nachholen – Einen vollgefüllten Keller aufräumen – Jugendträume verwirklichen – Eine Firma aufbauen – Eine alte Schuld abbauen – Die Beziehung zu einem Menschen verbessern – Eine Lebenswende vollziehen – Der Beschluss, nur noch ehrlich zu sein – Eine Fernbeziehung führen ...

Manchmal erscheint ein Ziel viel zu weit weg, wie ein viel zu hoher Gipfel, den wir niemals erreichen können. Mit der Kamelpfad-Strategie lässt sich ein großes Ziel in viele Einzelschritte zerlegen. Dies hat den großen Vorteil, dass die einzelnen Schritte kleiner und gut erreichbar erscheinen. Und sie sind auch leichter zu erreichen, sprich, es stellen sich sehr schnell Erfolgserlebnisse ein.

Warum Kamelpfad? Stellen Sie sich vor, Sie gehörten zu einem Beduinenstamm in der Sahara und Sie planten eine Wüstendurchquerung. Das Ziel stünde fest, es wäre ziemlich weit weg. Zeitweise erschiene Ihnen Ihr Plan undurchführbar. Viel zu weit, viel zu schwer. Wie sollen Sie das schaffen? Ohne gute Vorbereitung muss es schiefgehen: Wenn Sie einfach vom Ausgangspunkt (A) quer durch die Wüste zum Ziel (Z) laufen, fallen erst Sie entkräftet um und irgendwann auch Ihre Kamele.

Was Sie als Beduine bräuchten, ist klar: Kenntnisse über den Weg, starke Kamele, guten Proviant, ausreichend Wasser, gute Reisepartner – und vor allem die Kenntnisse über Oasen, die an Ihrem Weg liegen! Oasen,

- an denen Sie Rast machen können, wo Sie im Schatten der Palmen ausruhen, auch mal einen Sandsturm überstehen;
- an denen Sie Feuerstellen finden, an denen Sie sich etwas kochen können und wo Sie Wasser für Ihre Kamele bekommen;
- an denen Sie andere Menschen treffen, die ebenfalls unterwegs sind und die Sie vor Unbilden auf Ihrer Route warnen können, vor Räubern etwa, vor wilden Tieren oder vor Treibsand;
- an denen Sie Ihr erfolgreiches Fortkommen genießen und feiern können.

Ein wunderbarer Effekt dieser Oasen-Idee: Sie bringt Struktur in Ihren Weg. Haben Sie eine Oase sicher erreicht, können Sie diese Zwischenetappe als gelungen abhaken. Und es stärkt Ihr Gefühl: Jawohl, ich kann es schaffen, ich komme meinem Ziel immer näher.

Im Coaching oder Selbstcoaching können Sie dieses Bild nutzen, um für sich oder jemand anderen ein weit entferntes Ziel erreichbarer zu machen. Übersetzen Sie einfach das

Vorhaben, das angestrebt wird, in eine Tour durch die Wüste. Das heißt: Definieren Sie als Erstes Ausgangspunkt und Ziel – in welcher Situation geht es los, wo soll der erfolgreiche Abschluss liegen. Und fügen Sie dann so viele »Oasen«, sprich Zwischenziele ein, wie Sie nur können.

Sie brauchen dafür ein Blatt Papier und einen Stift. Tragen Sie links oben auf dem Blatt Ihre Ausgangslage ein (A) und rechts unten das Ziel (Z). Und fügen Sie dann die einzelnen »Oasen« ein.

Ein Beispiel: Steffi W. ist mit Ende 20 schon sehr erfolgreich im Beruf. Aber der Druck ist extrem hoch, sie arbeitet sehr viel, muss geschäftlich viel verreisen. Sie hat keine Zeit mehr für Freunde oder Hobbys. Es geht ihr körperlich schlecht, sie hat massive Hautprobleme und sie kann nicht mehr schlafen. Steffi zweifelt am Sinn ihrer Arbeit. Sie kommt ins Coaching, weil sie eine Lösung aus dem Dilemma sucht.

Wir definieren als Erstes Ausgangspunkt und Ziel: Steffi fühlt sich überfordert, deshalb schreiben wir unter A: »Überforderung«. Dann erzählt Steffi, was sie sich als Lösung vorstellt: Da sie nur mittlere Reife hat, würde sie gern noch das Abitur nachmachen und dann BWL studieren. Während sie spricht, klingt sie sehr klar und zielgerichtet. Doch plötzlich übermannen sie wieder die Selbstzweifel: »Das schaffe ich doch nie, wie soll denn das gehen?«

Ich schreibe unter Z erst einmal das Wort »Studium«. Und dann bitte ich sie, mit mir zusammen Zwischenschritte zu überlegen: Was müsste sie denn tun, damit es »geht«, dass sie dieses hohe Ziel erreicht? Ich male vorsorglich fünf Oasen aufs Papier, wir können jederzeit zusätzliche einfügen. Wir beginnen zu überlegen, welche Zwischenetappen Steffi zu ihrem Ziel führen können. An die erste Oase schreibe ich auf ihr Geheiß »Abitur nachmachen«. Sie schnauft tief durch und sieht nicht sehr zuversichtlich aus.

Ich weise sie darauf hin, dass es hilfreich sein könnte, davor noch ein, zwei andere Oasen einzufügen. Die allererste ist vom Ausgangspunkt gar nicht weit entfernt und heißt: »Erkundigen, wie ich das Abitur nachmachen könnte«. Steffi nickt. Ja, das kann sie leicht herausfinden, am einfachsten im Internet. Wir schreiben einen Termin daneben: bis übernächste Woche.

Erkennen Sie schon das Prinzip? Die Zwischenschritte sollten so klein sein, dass sie wirklich leicht zu erreichen sind. Und: Die erste mini-kurze Wegstrecke zur ersten Oase ist die wichtigste der ganzen langen Tour. Denn wenn Steffi es nicht einmal schafft, sich zu erkundigen, kann sie die weitere Wegstrecke vergessen.

Neben die nächste Oase schreibe ich das nächste Zwischenziel: »Die Finanzierung kalkulieren«. Wie kann Steffi das Vorhaben finanziell tragen? Sie diktiert mir: Gibt es Stipendien? Kann ich stundenweise in meiner Firma weiterarbeiten? Oder kann ich woanders jobben?

Nach und nach füllen sich die anderen Oasen. Steffi will so schnell wie möglich ihre Stelle kündigen, sie kann einfach nicht mehr. Sie überlegt, in eine kleinere und damit preiswertere Wohnung zu ziehen, vielleicht sogar wieder zu ihren Eltern. Das will sie für sich klären. Sie will mit ihrer Chefin sprechen, dass sie Zeit fürs Lernen braucht. Und so arbeiten wir uns zügig vor bis zu ihrem Ziel: »Studienabschluss in BWL«.

Am Schluss dieser intensiven Arbeit ist Steffi erschöpft, aber auch verhalten zuversichtlich. Die drei ersten Oasen auf ihrem Weg sind relativ leicht zu erreichen, sie will sich sofort auf den Weg machen, wenn sie nach Hause kommt. Und wir vereinbaren, dass sie bei Bedarf noch einmal zu mir kommt.

Vier Monate später kommt Steffi erneut ins Coaching. Sie bringt mir ein Geschenk mit: eine blaue Kinderlampe in Form eines – Kamels! Sie grinst, während sie ihr Geschenk begründet: »Ich habe die ersten vier Oasen meines Kamelpfads erreicht. Und möchte mich bei Ihnen bedanken. Ich habe mich eingeschrieben und habe die Abendschule begonnen. Das Lernen fällt mir leicht. Ich habe mit meiner Chefin gesprochen, dass ich Zeit zum Lernen brauche. Und sie war überraschend entgegenkommend. Vielleicht kann ich sogar stundenweise auch während des Studiums weiterarbeiten.« Jetzt strahlt sie.

Die blaue Kamellampe begrüßt meine Coaching-Kunden seither im Büroflur. Steffi hat ihr Studium längst beendet. Sie hat nach vier Jahren als Angestellte in einem Weltkonzern beschlossen, sich selbstständig zu machen, und ich höre immer wieder einmal von ihren Erfolgen. Mich erinnert die Lampe immer wieder daran, wie hilfreich die Kamelpfad-Strategie sein kann.

Besonderheit beim Coachen

Wenn Sie bei jemandem diesen Impuls einsetzen, achten Sie darauf, ob die Zwischenschritte auch klein genug sind. Am besten notieren Sie diese Mini-Oasen. Je einfacher, desto besser, jedes Häkchen macht Lust auf den nächsten Schritt. Wenn Sie mit dem/der Gecoachten ins Detail gehen, erfahren Sie auch besser, welche »Aber« Ihr Gegenüber noch im Kopf hat. Was also auf dem Weg zum Ziel noch geklärt werden muss.

Besonderheit beim Selbstcoachen

Fragen Sie sich bei jeder »Oase«: Wie gelingt es mir, dahin zu kommen? Fügen Sie ruhig noch kleinere Oasen ein und versehen Sie sie mit festen Terminen: »Bis wann werde ich ...?« Oft scheitern Veränderungspläne allein dadurch, dass der erste winzige Schritt nicht gemacht wird. Und fragen Sie sich auch bei den einzelnen Schritten: Wer kann mir dabei helfen? Schreiben Sie die Namen dazu und bitten Sie um Hilfe!

3. Die Feenfrage

Anwendung: Erst die Fee, dann die Idee
Situation: Zum Selbstcoachen und beim Coachen von anderen
Voraussetzung: Fantasie, Zeit zum Träumen
Methode: Dieser Impuls nutzt die Methode des Als-ob-Rahmens, also das Simulieren von Lebenssituationen und die Fähigkeit, so zu denken und zu handeln, als ob diese bereits wahr sind.
Dauer: 30 bis 60 Minuten

Sie müssen nicht an Märchen glauben, um mit diesem Coaching-Impuls ganz starke Fantasieschübe zu nutzen. Die Ausgangsfrage lautet: »Wenn eine Fee Ihnen alle Wünsche erfüllen könnte, ich meine wirklich alle, wie würde Ihr Leben ab sofort aussehen?« Ja, das ist wie Weihnachten und Ostern an einem Tag, oder? Von kindlicher Freude bis zu »vernünftiger« Skepsis reicht die Palette der Reaktionen, die ich daraufhin in Coachings erlebe.

Wenn Sie mit diesem Impuls arbeiten wollen, braucht es tatsächlich die Fähigkeit und die Bereitschaft zum Träumen, Spinnen erlaubt! Menschen hatten immer schon diesen Traum, dass ihnen jemand jeden Wunsch erfüllt – von »Aladin und die Wunderlampe« bis »Faust«, von der »Kleinen Hexe« bis zur »Bezaubernden Jeannie« in der gleichnamigen US-Serie.

Die Feenfrage kann im Coaching und im Selbstcoaching die Fantasie anregen und gleichzeitig den »inneren Kritiker« zum Schweigen bringen, der Menschen allzu oft abhält, ihre Sehnsüchte und Träume zu formulieren, ja, viel früher noch, sie überhaupt zu erkennen. Hier ein Coaching-Beispiel:

Ich gehe mit einer Klientin an der Isar entlang. Meine Erfahrung ist: Bewegung macht kreativ. Wenn die Füße laufen, bekommen die Gedanken die Chance, ebenfalls zu wandern. Und das ist manchmal hilfreich, wenn ein Coachee sich an einem Punkt »verhakt« hat.

Wir hören die Vögel zwitschern und genießen das erste Frühlingsgrün an den großen Buchen. Die Sonne wärmt uns. Der Himmel spannt sich strahlend blau über München. »Ist das schön hier«, seufzt sie.

»Wenn jetzt plötzlich eine Fee vor uns stünde«, ich versuche es noch einmal ganz sanft, »und würde sagen: Barbara, du darfst dir dein Leben wünschen, wie du es willst. Welches Leben würden Sie sich wünschen?«

Sie fängt mit träumerischer Stimme an zu reden: »Ich würde mir wünschen, mit Klaus, meinem Freund, zusammenzuleben. Am liebsten hier in München. Der mag die Stadt auch so gern.«

»Was würden Sie beruflich tun?«

»Es ist ja ein Traum - oder?«

Ich nicke.

»Dann hätte ich gern ein kleines Café, ein Tagescafé, irgendwo in Schwabing. Mit leckerem Kaffee und selbst gemachten Torten. Klaus arbeitet in einer Rechtsanwaltskanzlei hier in München und abends treffen wir uns zu Hause und sitzen auf unserer Dachterrasse. Und wir haben Kinder, zwei, einen Jungen und ein Mädchen.«

»So, und jetzt lassen Sie uns zurückgehen und überlegen, wie Sie aus dem Traum ein Ziel machen können.«

Ich denke an einen Spruch, den mir mein Supervisor einmal aufgeschrieben hat: »Gibt's keine Fee, brauchst du selbst 'ne Idee.« Ich liebe die Feen-Intervention, weil sie Menschen innerhalb von Sekunden dazu bringt, aus dem Gefängnis ihres Ja-aber-Denkens herauszukommen und einmal sagen zu dürfen, was ihre Sehnsucht ihnen schenkt. Dass es keine Fee gibt, wissen sie selbst, und es fällt ihnen in der Regel recht leicht, das Reale und vor allem das zu Realisierende aus dem Traum herauszufiltern.

Im Coaching-Raum schreiben wir alle Elemente des Feentraums auf einzelne bunte Karten und legen sie auf dem großen Tisch aus.

»Was ist unrealistisch und was wäre tatsächlich möglich?«, frage ich meine Klientin.

Sie denkt lange nach und schiebt dann zwei Karten weg. »München bleibt wohl erst einmal ein Traum. Das Café – na, ich weiß nicht. Mit Klaus zusammenzuziehen, ist das Einfachste.« Sie hält die Karte in den Händen und legt sie dann direkt vor sich.

»In der Wohnung Ihrer Eltern?«, frage ich zweifelnd.

Sie schüttelt energisch den Kopf. »Nein, wir würden uns eine Wohnung in Frankfurt suchen. Dann hört auch die ewige Fahrerei auf.«

»Möchte Ihr Freund das denn?«

Sie strahlt, zum allerersten Mal. »Ja, er hat mich schon gefragt.«

»Wie hoch schätzen Sie die Realisierungschance ein?«

Sie verzieht das Gesicht. »Ich müsste diese Entscheidung meinen Eltern verkaufen.«

»Und?«

»Puh, das wird schwer.«

»Aber es ist möglich. Sie sind eine erwachsene Frau. Da ist es doch nur verständlich, dass Sie mit dem geliebten Mann zusammenleben wollen, eine Familie gründen.«

»Sie kennen meinen Vater nicht. Dem ist keiner gut genug.«

»Darauf kommt es nicht an. Er muss Ihnen gut genug sein.«

Sie nickt versonnen. »Ja, das ist er.«

»Sie würden also riskieren, Ihre Eltern zu enttäuschen?«

»Ehrlich, ich weiß es nicht. Ich muss darüber nachdenken.«

»Ja, das ist gut. Und was ist mit dem ungeliebten Job?«

»Ich würde gern noch einmal eine Ausbildung machen. Eine frühere Chefin von mir besitzt eine große Event-Agentur in Frankfurt. Für die würde ich gern Veranstaltungen organisieren. Und vielleicht könnte ich mich da zur Event-Managerin weiterbilden. Ich habe gehört, da kann man auch ganz gut verdienen. Ich merke, dass mir das sehr liegt, mit Menschen zu arbeiten und tolle Veranstaltungen zu organisieren.«

»Haben Sie schon einmal mit ihr darüber gesprochen?«

»Nein.«

»Wann werden Sie es tun?«

»Bis zum Sommer?«

»Warum wollen Sie so lange warten?«

»Ich weiß nicht, eigentlich könnte ich sie gleich morgen mal anrufen und mich mit ihr verabreden.«

»Gute Idee, schreiben Sie es auf.«

Meine Klientin füllt ihre To-do-Liste aus:

- Mit Klaus reden wegen Zusammenziehen, heute Abend.
- Frau X. anrufen wegen Event-Agentur, morgen.
- Mit den Eltern reden wegen wegziehen. Bis Ende Mai.
- Wohnung in Frankfurt suchen. Ab sofort.

»Sind Sie zufrieden mit dem heutigen Tag?«, frage ich meine Klientin am Ende des vierstündigen Coachings.

»Ich bin aufgeregt und etwas verwirrt. Aber ich freue mich auch. Das Schlimmste wird das Gespräch mit meinen Eltern werden. Da habe ich schon Angst davor.«

»Ja, das ist verständlich. Ich wünsche Ihnen ganz viel Kraft dafür.«

Am Schluss schreibt sie sich – wie alle meine Coaching-Klienten – selbst eine Postkarte. Wir schicken sie ihr zwei Wochen nach dem Coaching zu.

Sie schreibt zwei Wörter darauf: »Trau dich!«

Sie haben die schlechte Nachricht sicher schon verstanden: Es gibt keine Fee. Die gute Nachricht: Viele unserer Wünsche und Sehnsüchte können wir selbst verwirklichen. Wenn Sie mit diesem Coaching-Impuls arbeiten, achten Sie darauf, dass die kritische Stimme, die sich immer wieder frech und unerbittlich zu Wort meldet, gestoppt und auf später vertröstet wird – im Sinne von »Halt jetzt bitte die Klappe, später darfst du alle Einwände bringen, die du weißt. Aber jetzt pssst.« Die Wünsche an die Fee dürfen wild und unersättlich, maßlos und anmaßend sein, ach, eben völlig gaga.

Schreiben Sie die Wünsche auf einem Blatt Papier auf, noch besser: jeden Wunsch einzeln auf einen Zettel oder auf eine Karte, Stichworte genügen. Sorgen Sie dafür, dass viele Karten zur Verfügung stehen.

Dann, wenn die Fantasie erlahmt ist und wirklich keine Idee mehr perlt, schauen Sie sich die Wünsche an und beginnen Sie, die Karten/Zettel zu sortieren. Auf die eine Seite kommen die Karten, die wohl wirklich Wunschdenken bleiben: Eiskunstlaufweltmeisterin werden – Zehn Millionen im Lotto gewinnen – Ein berühmter Afrikaforscher sein – 20 Zentimeter größer sein ... Die Kriterien zum Aussortieren: ist aus eigener Kraft nicht zu erreichen oder in diesem Leben nicht mehr zu schaffen.

Auf die andere Seite kommen die Karten, für die vielleicht gar keine Fee nötig ist, nach dem Motto »Gibt's keine Fee, brauchst du selbst 'ne Idee«. Sortieren Sie die hoffentlich reichlich übrig gebliebenen Karten nach der *Leichtigkeit der Umsetzung*. Was ist ganz einfach zu verwirklichen? Vielleicht mögen Sie damit gleich anfangen? Was ist ein ernsthaftes Ziel, für das es sich lohnt, sich ein Konzept/einen Plan zu machen? Ihre Gedanken werden anfangen zu kreisen. Und das ist gut.

Besonderheit beim Coachen
Dieser Coaching-Impuls fordert Sie in besonderer Weise: Sie müssen Ihren Coachee in seiner Fantasie bestärken und gleichzeitig darauf achten, dass er die Wünsche konkret und detailliert beschreibt, sonst bleibt es ein konfuser Traum, der sich schwer in konkrete Schritte umsetzen lässt. Achten Sie deshalb darauf, wenn Ihr Coachee sich selbst in seiner Fantasie stoppt, dass Sie ihn dann ruhig direkt anfeuern: »Kommen Sie, was gibt es da noch? Wie sähe das aus?« Und: Schreiben Sie die Wünsche mit, dann hat der andere die Chance, ungestört zu »spinnen«.

Besonderheit beim Selbstcoachen
Wenn Sie bei dieser Übung so ein leichtes Kribbeln hinterm Brustbein spüren, so ein Gefühl von: »Oh, nee, will ich das wirklich?«, dann sind Sie auf einem guten Weg. Damit hätte die Feenfrage ihr Ziel erreicht. Für Sie kann es der Start in eine spannende Zukunft sein. Damit Sie die Ideen auch umsetzen, empfehle ich, eine ganz konkrete Liste zu machen: Was werde ich bis wann tun? Hilfreich dabei ist der Coaching-Impuls »Die Kamelpfad-Strategie« (Seite 92 ff.).

4. Der Küchentisch-Überblick

Anwendung: Klarheit finden: Wo stehe ich?
Situation: Zum Selbstcoachen und beim Coachen von anderen
Voraussetzung: Ein Tisch und Figuren, Lust zum Reden
Methode: Der Impuls zeigt, wir sind Teil eines Systems.
Dauer: Ca. 30 bis 60 Minuten

»Ich komme beruflich nicht weiter. Obwohl ich mir so viel Mühe gebe. Woran kann das liegen?« Für solche Fragen eignet sich hervorragend der Küchentisch-Überblick. Wann immer Sie im Coaching einen distanzierten Blick auf die Lebenssituation brauchen, sei es eine familiäre oder eine berufliche Situation, bietet sich dieser Impuls an. Der Mensch ist kein einsamer Satellit im All, der nur um sich selber kreist. Sondern wir leben in Systemen. Das heißt:

- Andere Menschen beeinflussen unsere (Un-)Zufriedenheit.
- Wir reiben uns an Menschen.
- Wir zoffen uns mit Menschen.
- Menschen machen uns glücklich oder unglücklich.
- Sie motivieren oder demotivieren uns.
- Manche kränken uns.
- Manche stärken uns.
- Wir kommen gut mit ihnen aus.
- Oder wir geraten uns in die Haare.
- Menschen begrenzen uns oder schaffen uns Freiraum.
- Es gibt Menschen, die sind Verbündete.
- Andere machen uns das Leben schwer.

Jede/r von uns spielt eine Rolle in diesen Systemen. Wenn wir unzufrieden mit der Rolle darin sind, sollten wir gucken, ob wir etwas verändern können. Dabei ist es sinnvoll, sich so ein System von außen anzuschauen. Der »Draufblick« kann viele Zusammenhänge deutlich machen und helfen, die Rolle der anderen und die eigene klarer zu erkennen. (Dieser Coaching-Impuls ist keine Familienaufstellung mit der ihr eigenen Dynamik!) Warum nenne ich diesen Impuls »Küchentisch-Überblick«? Weil er sehr einfach umzusetzen ist, also auch ganz einfach am Küchentisch.

Was brauchen Sie für den Küchentisch-Überblick? Eine Fläche von etwa 50 mal 50 Zentimetern und etwa 15 bis 20 Figuren (zum Beispiel Spielzeug-Männchen, Schachfiguren, Mainzelmännchen, Plastiktiere). Darüber hinaus brauchen

Sie viele Haftzettel, Papier zum Schreiben und einen Stift. Ich selbst arbeite im Coaching mit Holzfiguren, die ich extra habe herstellen lassen (siehe nachfolgende Abbildung). Aber es geht wirklich mit allem, was sich hinstellen lässt (meinetwegen auch mit einer Kiste Bierflaschen - oh, ich sehe einige Coaching-Kollegen schäumen!).

Als Erstes stellt der Mensch, der seine Situation erkennen will, eine Figur für sich selbst auf den Tisch. Sie bekommt einen kleinen Haftzettel mit seinem Namen dran. Dann stellt er die Menschen dazu, die eine besondere Rolle in seinem Leben spielen. Privat: Eltern, Großeltern, Geschwister, Freunde/Freundinnen, Partner, Kinder, Expartner, Nachbarn. Beruflich: Chef/in, Chefchefs, Kollegen, Mitarbeiter, Kunden.

Er stellt jede Figur, mit einem Namensschild versehen, neben seine Figur auf den Tisch. Beim Hinstellen sollte er berücksichtigen, wie nah oder fern der andere ihm ist. Und er sollte auch überlegen, in welcher Beziehung er zu den anderen steht. Ist der andere zum Beispiel ein Unterstützer oder ein Konkurrent, ein Verbündeter oder (noch) ein Gegner? Von wem bekommt er Energie, wer zieht welche ab?

Kommen wir zur Eingangsfrage der gebremsten Karriere zurück, dann ist es besonders interessant herauszufinden, ob der fragende Mensch genügend Unterstützer, sprich Verbündete im Unternehmen hat. Wie schaut sein Netzwerk aus, wer kann ihm Türen öffnen oder den Rücken stärken? Und auf der anderen Seite: Gibt es Gegner, die ihm das Leben schwer machen? Mit wem sollte er einen besseren Kontakt suchen und die Beziehung verbessern? Wie könnte er das versuchen? Die gleiche Überlegung kann er für den Freundeskreis und die Familie anstellen: Wer steht zu mir, wer hindert mich? Mit wem habe ich ein Problem, wer hat eins mit mir?

Der besondere Charme dieses Coaching-Impulses ist die gewisse Distanz, die die Gecoachten durch das Hinstellen der Figuren zu ihrer eigenen Situation bekommen. Indem sie »von oben« (andere Coaches würden sagen, »aus der Meta-Ebene«) die Beziehungen zwischen den Figuren erklären, erklären sie sich beim Reden selbst, was wie und warum läuft und wo Handlungsbedarf angesagt ist. Hilfreiche W-Fragen bringen noch mehr Klarheit, beispielsweise:

- Warum stänkert der gegen mich?
- Warum macht mich das so wütend?
- Wie oft treffe ich diesen Menschen?
- Wo könnte ich ansetzen?
- Wie reagiere ich, wenn ...?
- Wann werde ich mich zum Kaffee mit ihm verabreden?
- Wodurch könnte ich die Beziehung verbessern?
- Wie oft möchte ich diesen Menschen sehen?
- Wer kann mich dabei unterstützen?
- Was müsste passieren, dass ich mich trauen würde, auf ihn zuzugehen?
- Wie sollte das in Zukunft aussehen?
- Was bin ich bereit zu tun?

- Womit könnte ich auf mich aufmerksam machen?
- Wer sollte das wissen?
- Wen möchte ich dazu fragen?

Der Küchentisch-Überblick löst oft eine große Nachdenklichkeit aus. Der Mensch erkennt, dass er Teil eines Systems ist. Er verlangsamt schnelle Schuldzuweisungen und bekommt so die Möglichkeit, die Situation aus verschiedenen Richtungen zu sehen. Sehr oft geht bei dem Menschen, der seine Situation von oben sieht, der Blick nach innen, er spürt in die Situation, er sieht sich in der Beziehung und erkennt Unbehagen, Sehnsucht, Wünsche und Möglichkeiten. Und er kommt nach und nach auf gute Ideen: »Stimmt, mit dem könnte ich mal reden.«

Jetzt muss er sich nur noch selbst zuhören. Oder jemanden haben, der die Ergebnisse des Darüberredens schriftlich festhält, damit später Schlüsse daraus gezogen werden können. Schreiben Sie insbesondere auf,

- wer an Sie glaubt,
- wer Ihnen Türen öffnet,
- wer Ihnen bei Problemen zur Seite steht,
- wen Sie fragen können,
- wer Ihnen Mut macht,
- wer Ihnen wohlgesonnen ist,
- wer Ihnen helfen kann,
- was Sie selbst tun können.

Der Küchentisch-Überblick ist meine favorisierte Methode, wenn es um das Handeln in Gruppen, in Systemen geht. Zu erkennen, wo Ihr Platz und was Ihre Rolle in dieser Situation ist, dient der Klarheit und der Möglichkeit, aktiv etwas zu verändern. Er verhilft zu der Erkenntnis, dass die einzige »Figur« in dieser Situation, die man bewegen kann, die eigene ist. Oder wie ich zu sagen pflege: »Der einzige Mensch, den Sie verändern können, ist der, den Sie heute früh gewaschen/gekämmt/rasiert/geschminkt haben.«

Besonderheit beim Coachen

Nehmen Sie sich Zeit, drängen Sie den anderen nicht zu schnellen Antworten. Das Draufgucken ist entscheidend. Die wirklich weiterbringenden Überlegungen entstehen aus dem Hingucken und dem Reden über die Situation. Fragen Sie als Coaching-Partner ruhig öfter nach: Sind das schon alle Menschen, die in Ihrem Leben eine Rolle spielen? Manchmal bringt einen das Denken an die verstorbene Großmutter, die ein wichtiges Vorbild in der Kindheit gewesen ist, weiter, als das Aufstellen von fünf weiteren Kollegen. Und die Konkurrenz zum Bruder kann jemanden mehr treiben als die eigenen Karrierewünsche. Aus dem Küchentisch-Überblick sollten Handlungsimpulse entstehen: Was werde ich wann tun? Deshalb immer eine To-do-Liste vorbereiten, auf der diese Impulse sofort notiert werden. Und nicht vergessen: ein Datum dazu!

Besonderheit beim Selbstcoaching

Natürlich können Sie auch für sich allein die Situation, in der Sie sich befinden, mithilfe von Figuren anschauen. Nehmen Sie meine Beschreibung als Anleitung und notieren Sie Ihre eigenen Antworten. Ziel des Küchentisch-Überblicks ist es, aus der Betroffenenperspektive herauszukommen und das *Ganze* zu sehen: die anderen Menschen um Sie herum in ihrer Bedeutung für Sie zu erkennen und zu überlegen, was Sie an den Beziehungen zu einzelnen ändern möchten. Die wichtigste Frage dabei: Wer kann mich unterstützen – und wie kann ich aus Gegnern Verbündete machen? Also, was können Sie tun, um die Beziehung positiv zu verändern? Führen Sie eine To-do-Liste, auf der Sie alle guten Ideen notieren.

5. Die Madonna-Methode

Anwendung: Selbstbewusstsein und Persönlichkeitsentwicklung
Situation: Beim Selbstcoachen und Coachen von anderen
Voraussetzung: Mut, sich auf Ungewöhnliches einzulassen
Methode: Die Als-ob-Methode
Dauer: 15 bis 30 Minuten

»Madonna imponiert mir. Die hat Power. Die macht, was sie will. Die schert sich nicht um die Meinung von anderen Leuten. Und macht 'ne super Musik.« So schwärmte mir vor vielen Jahren eine Frau im Coaching vor. Und wir kamen sehr schnell darauf: Genau das war auch ihr Thema – zu tun, was sie sich wünscht, ohne dauernd auf andere Leute zu hören.

Seitdem gehört die »Madonna-Methode« zum festen Repertoire meiner Coaching-Übungen. Sie eignet sich aber auch sehr gut zum Selbst-Coaching. Probieren Sie es doch mal aus: Wollen Sie Ihre Persönlichkeit entwickeln oder noch mehr als bisher Ihre Wünsche und Träume leben? Dann nutzen Sie die Madonna-Methode für Ihr privates »Benchmarking«. Benchmarking nennt man in Unternehmen eine Qualitätsstrategie, mit der man von den besten Mitbewerbern lernen kann: Was machen die besser als wir, wo können wir etwas verändern? Genau so können Sie Ihre Qualität steigern.

Hier die sieben Arbeitsschritte der Madonna-Methode:

1. *Vorbild:* Suchen Sie sich eine Person, die Sie bewundern, verehren oder einfach klasse finden. Es kann sich um einen Menschen aus der Öffentlichkeit handeln (lebend oder historisch): Madonna oder Frau Künast, Harald Schmidt oder Sophie Scholl, Brad Pitt oder Mahatma Gandhi, Karl der Große oder Mutter Teresa, Sylvie van der

Vart oder Senta Berger, eine Nobelpreisträgerin oder ein Topmanager ... Die Person kann aber auch eine Figur aus Literatur oder Film sein: Der kleine Prinz, James Bond, Ally McBeal, Spiderman, Siddhartha, Lara Croft oder Tic,Tric und Trac.
Ein weiteres Suchfeld: Gibt es FreundInnen, Verwandte, Chefs/Chefinnen oder LehrerInnen, die Ihnen imponieren oder früher imponiert haben? Notieren Sie den Namen, egal ob Mann oder Frau, lebend oder gestorben, prominent oder nicht, oben auf ein großes Blatt Papier.

2. *Positiv-Liste:* Schreiben Sie jetzt alle positiven Merkmale auf, die Sie an dieser Person schätzen, beispielsweise: Sie ist sehr mutig - Sie lebt ihr Leben - Sie ist schlagfertig - Sie singt super - Sie ist immer fröhlich - Sie ist warmherzig - Sie war immer gerecht - Sie hat so einen herrlichen Humor - Sie vertritt einen klaren Standpunkt ... Versuchen Sie, mindestens sieben positive Eigenschaften zusammenzustellen. Je mehr Eigenschaften Sie finden, desto besser. Lassen Sie hinter jedem Punkt Platz für weitere Notizen.
3. *Abgucken:* Jetzt schreiben Sie zu jeder Eigenschaft dazu, was Sie tun können, um selbst diese positiven Merkmale zu verstärken. Überlegen Sie sorgfältig, woran es hapert, was sich verändern muss, damit Sie mehr von dieser positiven Eigenschaft bekommen. Das könnte zum Beispiel so aussehen: Ich werde öfter sagen, was ich will. Ich werde in einen Chor gehen. Ich werde versuchen, mutiger meinen Standpunkt zu vertreten. Ich werde mir Verbündete suchen. Ich werde mich trauen, öfter Nein zu sagen. Ich werde nicht mehr alles so schrecklich persönlich nehmen ...
4. *Umsetzen:* Die Erkenntnis ist der erste Schritt, jetzt geht es an die Umsetzung. Erstellen Sie als Nächstes auf einem anderen Blatt eine To-do-Liste, auf der Sie sich weitere kleine

Schritte der Veränderung aufschreiben, beispielsweise: Ich werde in der nächsten Woche mit meinem Chef über einen neuen Bürostuhl sprechen. Ich werde meiner Freundin sagen, was mich schon lange stört. Ich werde in der nächsten Konferenz Ja sagen, wenn ich gefragt werde, ob ich die Präsentation mache. Ich werde mich erkundigen, welche Möglichkeiten es für ... gibt. Fügen Sie Deadlines hinzu – bis wann wollen Sie was erledigt haben? Die Erfahrung zeigt: Nur wenn wir uns klare Termine setzen, fühlen wir uns auch verpflichtet, etwas wirklich zu tun.

5. *Fortschritte:* Schauen Sie nach vier oder acht Wochen nach, was sich verändert hat, was Sie umgesetzt haben und ob Sie Fortschritte gemacht haben. Falls gar nichts in Gang gekommen ist, horchen Sie noch einmal in sich: Was hält Sie davon ab, etwas zu verändern? Welche Ängste hemmen Sie? Sind es reale oder fiktive Hindernisse? Was kann schlimmstenfalls passieren, wenn Sie Veränderungen wagen? Und was wäre der Gewinn für Sie? Sind Sie bereit, den Preis für den zu erwartenden Benefit zu zahlen? Falls Sie erste Erfolge zu verzeichnen haben: Freuen Sie sich. Und beschließen Sie die nächsten Schritte.
6. *Überraschung:* Das Beste kommt zum Schluss. Aus der Erfahrung vieler Einzelcoachings weiß ich: Sie haben bereits viel von dem Menschen, den Sie bewundern! Denn allein, weil Sie verwandte Seiten erkennen, mögen Sie diese Person. Wenn diese Figur Ihnen völlig wesensfremd wäre, fänden Sie sie längst nicht so attraktiv. Wirklich: Es gibt mehr Parallelen als Unterschiede mit Ihrem »Idol«. Also ran ans Feintuning! Damit Ihr eigenes Stärkenprofil noch bunter und kraftvoller wird!
7. *Gewohnheit:* Lesen Sie jetzt ein paarmal die aufgeschriebenen positiven Eigenschaften in der Ich-Form. Nicht zögern, wenn Sie über sich sagen müssen, Sie seien »bildschön« oder »sexy« oder »intelligent«. Manche Eigenschaften müs-

sen Sie vielleicht auf Ihr Leben übersetzen. Statt »großer Schauspieler« können Sie eventuell sagen »hervorragender Mitarbeiter«, statt »hat sechs Kinder« »liebt Kinder«. Die Erfahrung aus meinen Coachings zeigt: Am Anfang klingt das alles noch sehr, sehr fremd. Aber schon beim dritten Hersagen in der Ich-Form stellt sich eine gewisse Selbstverständlichkeit ein. Ja, so sind Sie!

Vom Vorbild lernen

Ihr Vorbild

Welche Person finden Sie gut?

Die Positiv-Liste

Welche positiven Merkmale bewundern Sie besonders?

Sie/Er ist …

Sie/Er hat …

Sie/Er …

Sie/Er …

Sie/Er …

Sie/Er …

Sie/Er …

Abgucken

Was können Sie tun, um selbst diese positive Lebenseinstellung zu verstärken?

Ich bin wie sie/er

Ich bin …

Ich habe …

…

Besonderheit beim Coachen

Vertrauen Sie meiner jahrelangen Erfahrung. Die Übereinstimmungen sind absolut verblüffend. Ermutigen Sie Ihren Coachee, einen Prominenten zu finden, den sie oder er gut findet. Dann ist die Überraschung noch größer, wenn er Übereinstimmungen erkennt. In seltenen Ausnahmen findet jemand einen anderen nur deshalb gut, weil er »so ganz anders ist als ich«. Dann gilt es noch mehr herauszuarbeiten: Was kann sie/er tun, um mehr von den bewunderten Eigenschaften bei sich zu entwickeln?

Besonderheit beim Selbstcoachen

Versuchen Sie einen Prominenten zu finden, den Sie schätzen. Und suchen Sie dann so viele Eigenschaften wie möglich. Gehen Sie ruhig in Details. Nur wenn Ihnen wirklich ganz und gar keine »Celebrity« gefällt (es gibt Menschen, die nicht für Promis schwärmen), schauen Sie sich in Ihrem Leben um, ob es da jemanden gibt: eine Lehrerin, ein Lehrer? Ihr Chef, Ihre Chefin? Ein Freund, eine Freundin? Tante, Onkel, Vater, Mutter, Bruder, Schwester, Frau, Lebensabschnittsgefährte, die Sie klasse finden? Die Auflösung ist die gleiche.

6. Das Ärgermanagement

Anwendung: Ärger als Indikator begreifen
Situation: Zum Coachen von anderen
Voraussetzung: Eigene Schlussfolgerungen zurückhalten
Methode: Dieser Impuls nutzt das aktive Zuhören nach Carl Rogers.
Dauer: 15 bis 45 Minuten

Dieser Coaching-Impuls ist ein Klassiker des Lösungsorientierten Kurzcoachings (LOKC). Er hilft, sehr schnell Verstimmungen zu lösen, wenn sich jemand über etwas geärgert hat oder gekränkt worden ist. »15 Sekunden Ärger ist Reflex, danach entscheidet man sich, sich zu ärgern.« So heißt ein kluger Spruch. Aber er ist nicht immer hilfreich. Manchmal kommen Menschen von selbst nicht mehr aus dem Ärger raus. Dann brauchen sie jemanden, der ihnen helfen kann, den Weg aus der Verstimmung zu finden. Denn meistens steckt ein anderes Thema dahinter. Das Mittel dazu ist aktives Zuhören, das heißt genau hinhören, aufnehmen, was der andere gesagt hat, und weiterführendes Nachfragen. Dabei überlässt man dem Coachee die Verantwortung für sein Problem/seinen Wunsch, hilft aber bei der Formulierung desselben und bei der Ideenfindung zur Umsetzung.

Am besten erkläre ich Ihnen das an einem Beispiel:

Robert, 31, kaufmännischer Angestellter, kommt ins Coaching, weil er über seine berufliche Situation nachdenken will.

Er hat nach der Geburt seines Sohnes Elternzeit genommen und hütet fünf Monate lang seinen kleinen Maximilian, während seine Frau Andrea wieder arbeiten geht. Sehr bald kommt das Gespräch auf einen Vorfall, der Robert fürchterlich geärgert hat. Er wird ganz blass, als er die Situation schildert, und seine Empörung klingt aus jedem Satz. Sein

Schwager hat ihn wohl bei einer Familienfeier vor der ganzen Verwandtschaft als Weichei verhöhnt, weil er für das Kind zu Hause bleibt.

»Warum hat Sie denn diese Bemerkung so geärgert?«

»Dieser Faulpelz, der soll doch den Mund halten.«

»Warum bezeichnen Sie ihn als Faulpelz?«

»Der sitzt den ganzen Tag in seiner Werkstatt, wartet auf Kunden und kriegt nichts gebacken.«

»Warum nehmen Sie seine Bemerkung dann so übel?«

»Vor der ganzen Familie hat er mich lächerlich gemacht.«

»Wie haben die Verwandten reagiert?«

»Na, gelacht haben sie halt.«

»Was hätten Sie sich für eine Reaktion gewünscht?«

Robert zieht eine Grimasse, zuckt mit den Schultern.

»Hätten sie Sie verteidigen oder sich zumindest auf Ihre Seite stellen müssen? Oder etwas anderes?«

»Ach, die meisten sind mir doch total egal.«

»Und wer ist Ihnen nicht egal?«

Robert windet sich, er ist immer noch aufgebracht.

»Von wem hätten Sie sich Solidarität erwartet?«

»Na, meine Frau hätte ja zumindest zu mir stehen können.«

»Hat sie das nicht gemacht?«

»Na ja, sie hat halt mitgelacht.«

»Hat Sie das geärgert?«

»Nja.«

»Haben Sie ihr das gesagt, dass Ihnen das nicht gefallen hat?«

»Nein, so direkt nicht.«

»Wie indirekt denn?«

»Na, sie hat schon gemerkt, dass ich sauer war.«

»Auf Sie?«

»Nein, so allgemein.«

»Hm.« Ich schweige und warte.

Dann bricht es aus ihm heraus: »Sie versteht einfach

nicht, dass das nicht so einfach ist, als Mann diese Rolle zu übernehmen. Sie hätten mal meine Kollegen hören sollen, als sie davon erfahren haben. Die haben gefeixt, ob ich denn schon ein rosa Schürzchen hätte, und lauter so einen Schmarrn.«

»Hat Sie das Überwindung gekostet, die Elternzeit zu beantragen?«

»Ja, natürlich. Mein Chef hat mir gleich signalisiert, dass mir das beruflich schaden wird. Eine Beförderung kann ich mir jedenfalls schon mal abschminken.«

»Machen Sie sich Sorgen, wie es nach den fünf Monaten weitergeht?«

»Ja, sicher. Ich bin erst mal raus, ein Kollege macht jetzt meinen Job. Ich weiß doch nicht, was wird, wenn ich wiederkomme. Ob ich dann nicht auf irgendeinen blöden Posten abgeschoben werde.«

»Haben Sie das mit Ihrem Chef besprochen?«

»Der hat sich bedeckt gehalten. Schauen wir mal, hat er gesagt.«

»Nicht gerade beruhigend, was?«

»Nein. Aber ich wollte auch gern für meinen Sohn da sein. Meinen Vater habe ich ja während meiner ganzen Kindheit fast nicht gesehen.«

»Und Sie möchten ein anderer Vater sein?«

»Ja.« Er lächelt das erste Mal.

»Dann sind Sie ja ein echter Vater-Pionier?«

Er lächelt verlegen, nickt.

»Weiß Ihre Frau, welches berufliche Risiko Sie für Ihre Entscheidung auf sich genommen haben?«

»So genau nicht.«

»Haben Sie ihr das nicht erzählt?«

»Sie hat sich so auf die Rückkehr in ihren Job gefreut. Sie kann noch schlechter wegbleiben als ich, sie ist IT-Spezialistin.«

»Wäre es hilfreich, wenn Sie offen mit ihr darüber sprechen würden?«

»Ja, vielleicht.«

»Was würde das bringen?«

»Sie würde vielleicht sehen, dass es auch nicht einfach für mich ist.«

»Wann werden Sie mit ihr sprechen?«

Robert stutzt, überlegt. »Ähm, am Wochenende.«

»Erzählen Sie ihr auch von Ihrem Ärger wegen Ihres Schwagers?«

»Kann ich machen, aber das ist schon nicht mehr so wichtig. Ich würde lieber mit ihr darüber sprechen, wie es beruflich für mich weitergeht. Ich könnte mir vorstellen …«

Robert hat den Ärger offensichtlich abgeschüttelt. Wir sind in aller Ruhe auf das viel wichtigere Thema gekommen, nämlich seine Sorge, wie seine berufliche Zukunft aussehen wird. Und wir haben danach sehr spannende Pläne entwickelt.

Am Schluss des Coachings sage ich zu Robert: »Danken Sie Ihrem Schwager, er hat den richtigen Pfeil abgeschossen.« Robert lacht.

Ärger ist sehr oft das Symptom dafür, dass hinter der Aufregung ein anderes bedeutendes, aber verstecktes Thema liegt. Oft wundern wir uns, worüber sich andere Menschen so aufregen können. »Haben die sonst keine Sorgen?«, fragen wir uns dann. Doch, haben sie, deshalb reagieren sie ja so gereizt.

Deshalb bringt es meistens wenig, den Verärgerten zu trösten mit »Ach, ist doch nicht so schlimm« oder gar ihn anzustacheln: »Ja, sag deinem Schwager mal ordentlich die Meinung«. Beides geht an den Ursachen vorbei, es kann im Gegenteil dafür sorgen, dass die Wagenburg noch enger gestellt wird, in die der Ärger einen Menschen treibt. Das aktive Zuhören ist eine Möglichkeit, Menschen aus dem Ärger herauszuführen. Und auf das viel wichtigere Thema dahinter zu kommen.

Besonderheit beim Coachen

Aktiv zuhören ist der Schlüssel. Im Rahmen der LOKC-Methode verzichten Sie allerdings besser auf das ständige Spiegeln der Aussagen: »Sie meinen also, dass Sie ärgerlich sind, weil ...« Viele Coaching-Klienten fühlen sich dadurch eher veräppelt als gespiegelt. Es ist völlig okay, wenn Sie die gemachten Aussagen aufgreifen und weiterführen. Vorsicht ist geboten vor eigenen schnellen Schlüssen des Coaches. Meistens führen uns die Klienten an verborgene Stellen, an die wir selbst gar nicht gedacht hätten.

7. Das Motivationsraster

Anwendung: Der Mind-Opener für den Blick hinter die Kulissen
Situation: Zum Selbstcoachen und beim Coachen von anderen
Voraussetzung: Spontan entscheiden können
Methode: Klarheit durch das Ausschlussverfahren
Dauer: 5 bis 15 Minuten

Dieser Coaching-Impuls eignet sich wunderbar als »Mind-Opener« in anspruchsvollen Coaching-Gesprächen. Am Anfang dieser Übung wissen die Gecoachten noch nicht, wohin die Reise geht, und können deshalb nicht »konform« antworten. Ich habe viele meiner Coaching-Impulse deshalb entwickelt, weil ich im Coaching bemerkt habe, dass viele Menschen »zu klug« sind. Sprich, sie können ganz toll erklären, was sie eigentlich möchten oder warum etwas nicht geht – doch sie lassen sich nicht gern »in die Karten gucken«.

Dafür haben sie mir mit ihren Widerständen immer wieder geholfen, fantasievolle »Öffner« zu entwickeln, die die Coaching-Zeit erheblich verkürzen können.

Jeder erfahrene Coach weiß, dass die Ebene hinter dem tatsächlich Ausgesprochenen die Lösung bergen kann. So ging es mir damals auch im Coaching mit der Inhaberin eines großen Bürocenters, in dem ich auf die Idee des Motivationsrasters gekommen bin. Ich glaube, es war 1998. Die Frau, nennen wir sie Melanie P., wollte eigentlich ganz nüchtern eine Bestandsaufnahme ihrer beruflichen Situation machen. Ich machte mir ein Erstes Bild, als sie zur Tür hereinkam: Die Augen schauten müde, sie sah traurig aus. Sie ließ die Schultern hängen und erschien irgendwie kraftlos.

Wir kamen bald auf das Thema Zufriedenheit und Selbstmotivation, und sie erzählte, dass ihr in letzter Zeit der Antrieb fehle. Die Geschäfte liefen ganz gut, aber es fiele ihr immer schwerer, Begeisterung für ihre Arbeit aufzubringen. Woran das liege, könnte sie nicht erklären. »Eigentlich ist alles in Ordnung.« Ich bedankte mich für das Wort »eigentlich«, denn es ist immer eine Einladung nachzufragen.

Ich habe inzwischen hundertfach mit dem Motivationsraster gearbeitet, in Coachings, in Seminaren und sogar auf der Bühne mit einem vielhundertköpfigen Publikum. Und die Erfahrung ist immer wieder gleich verblüffend. Das Ergebnis dieses kleinen Spiels ist jedes Mal relevant! Und das, obwohl ich ja die 24 Begriffe, die ich Ihnen gleich vorstellen werde, ausgesucht, sie willkürlich nebeneinandergestellt habe, und die TeilnehmerInnen sich sehr schnell entscheiden müssen. Oder sollte ich sagen, *deshalb*?

Die Ausgangsfrage ist: Was steht ganz oben auf Ihrer Werteliste im Beruf? Wie hoch ist Ihre Motivation, die Ihnen hilft, etwas zu verändern? Das können Sie sehr schnell und einfach mit dem Motivationsraster herausfinden.

Sie finden hier also 24 Motivatoren aufgelistet. Sie sind

sogenannte »Antreiber«, also der Grund, warum sich Menschen beruflich anstrengen, und/oder Werte, die ihnen wichtig sind und die erfüllt sein müssen, um zufrieden zu sein. Bevor ich zu viel erkläre, hier erst einmal die Liste der 24 Motivatoren, die ich im Laufe der Jahre immer wieder einmal variiert habe:

Ruhm	Herausforderung
Spaß	Unabhängigkeit
Geld	Harmonie
Anerkennung	Selbstbestimmung
Muße	Erfolg
Freiheit	Wertschätzung
Kollegialität	Abenteuer
Macht	Abwechslung
Sinn	Status
Freude	Sicherheit
Einfluss	Gerechtigkeit
Verantwortung	Zeitsouveränität

Auswertung

1. Schritt:
Vergleichen Sie immer die zwei nebeneinanderstehenden Begriffe in der obigen Tabelle und entscheiden Sie sich für den für Sie wichtigeren, also zum Beispiel Ruhm oder Herausforderung, Spaß oder Unabhängigkeit, und schreiben Sie die jeweils wichtigeren auf ein Blatt Papier. Natürlich sind

alle Begriffe irgendwie wichtig. Aber entscheiden Sie sich trotzdem spontan für einen.

2. Schritt:
Sie haben jetzt eine Liste mit zwölf Motivatoren auf Ihrem Zettel. Vergleichen Sie unter den übrig gebliebenen Begriffen wieder jeweils zwei miteinander, von oben anfangend. Diesmal lassen Sie bitte den wichtigeren stehen, den anderen streichen Sie bitte durch.

3. Schritt:
Jetzt haben Sie noch sechs Begriffe auf Ihrer Liste. Vergleichen Sie diese jetzt wieder paarweise. Streichen Sie drei. Drei bleiben übrig.

(Mögen Sie sich mal kurz mitfreuen: Während ich diese Anleitung schreibe, läuft in Bayern 1 ein Lied von »Ich und Ich« mit dem sich ständig wiederholenden Refrain »Einer von zweien«. Genau, so meine ich das.)

4. Schritt:
Sie haben jetzt drei Motivatoren aus der Liste übrig. Sortieren Sie sie jetzt bitte nach ihrer Wichtigkeit. Der wichtigste bekommt eine 1, der zweitwichtigste eine 2, der dritte die 3. Damit haben Sie Ihre stärksten Motivatoren, die etwas über Ihre Zufriedenheit oder Unzufriedenheit im Beruf aussagen.

Noch einmal: Bei allem Spielerischen und Willkürlichen dieses Coaching-Impulses ist das Ergebnis immer relevant, sprich, Sie bekommen wichtige Aussagen und Anregungen. Dabei kann die Auslegung des Ergebnisses sehr unterschiedlich sein: Entweder sind Ihre drei Hauptmotivatoren der Grund, warum Sie in Ihrem Beruf und mit Ihrem Arbeitsplatz zufrieden sind. Das heißt, Sie bekommen dort, was Sie brauchen, und können Ihre Werte leben. Prima, Glückwunsch. Oder: Die drei Hauptmotivatoren sagen Ihnen, warum Sie ein Gefühl der Unzufriedenheit spüren. Das geschieht, wenn einer oder sogar alle drei Werte nicht gelebt werden können. Dann entsteht ein Wertevakuum, das gefüllt werden möchte. Wie das im Einzelnen geschieht, kann dann im weiteren Coaching besprochen werden.

In meinen Coachings hat sich herausgestellt: Die drei Hauptmotivatoren sind *immer* der Grund, warum die Klienten zu mir kommen! Sie bekommen nicht genug von dem, was sie zu ihrem Wohlgefühl brauchen, und wollen deshalb etwas ändern. Sie spüren eine latente Unzufriedenheit und bekommen mit dem Motivationsraster die Stichworte, um diese zu benennen. Oft zeigt es sich, dass verwandte Begriffe übrig bleiben wie »Freude und Spaß«, »Unabhängigkeit und Freiheit«, »Harmonie und Kollegialität«.

Weiterführende Fragen

Wenn Sie bei der Auswertung Ihres Motivationsrasters herausfinden, dass Ihnen beispielsweise »Sinn« als starker Antreiber fehlt, könnten Sie sich folgende Fragen stellen:
Was erscheint mir als sinnvoll in meinem Leben?
Wofür lohnt es sich, meine Kräfte einzusetzen?
Wer braucht das, was ich kann?
Wie sähe eine »sinnvolle« Arbeitsplatzbeschreibung für mich aus?

Ich habe die Erfahrung gemacht: Wer längere Zeit gegen seine Werte lebt und handelt, wer sie unterdrückt und wegschiebt, wer sich dadurch selbst untreu wird, kann auf Dauer nicht zufrieden sein. Er leidet an einem Wertemangel, der Wohlbefinden und sogar manchmal die Gesundheit trübt.

Wenn Sie wissen, was Sie brauchen, können Sie aktiv werden und dafür sorgen, dass Sie mehr davon bekommen. Und mehr als das: Sie können Ihre Motivatoren quasi wie ein Raster über alle zukünftigen Entscheidungen legen (daher der Name): Führt Sie diese Entscheidung näher an Ihre Werte heran oder weiter weg?

Übrigens: Bei der Unternehmerin Melanie P. blieben die drei Begriffe »Abenteuer - Unabhängigkeit - Herausforderung« übrig. Wow! Und sie wusste sofort, was ihr die Freude an ihrem Unternehmen getrübt hatte: Es lief zu gut, zu routiniert, ihre Pionierseele bekam nicht genügend Futter. Und das war die Aufgabe für das weitere Coaching: herauszufinden, was das Feuer wieder entfachen konnte.

Und was ist mit dem Privatleben? Wäre es nicht schön, wenn es dazu auch so ein Werteraster gäbe, mit dem man verborgene Unzufriedenheit aufspüren bzw. benennen könnte? Vielleicht sogar zusammen mit dem Partner, der Partnerin, um ins Gespräch zu kommen? Ja, das wäre hilfreich. Und deshalb habe ich auf Wunsch einiger Klienten vor Kurzem auch ein Beziehungsraster entwickelt. Prüfen Sie selbst, ob es relevante Aussagen für Sie ergibt.

Das Beziehungsraster

Abenteuer	Beständigkeit
Ehrlichkeit	sexuelle Erfüllung
Familie	Zärtlichkeit
Freude	Freundschaft
Geborgenheit	Offenheit
Harmonie	Streitlust
Verantwortung	Eigenständigkeit
Sicherheit	Sinnlichkeit
Solidarität	Spannung
Treue	Unabhängigkeit
Verständnis	Freiraum
Unterschiedlichkeit	Entwicklung

Die Auswertung erfolgt wieder in vier Schritten:

1. Schritt:
Vergleichen Sie jeweils die zwei nebeneinanderstehenden Begriffe in der obigen Tabelle und entscheiden Sie sich für den für Sie wichtigeren, also zum Beispiel Abenteuer oder Beständigkeit, Ehrlichkeit oder sexuelle Erfüllung, und schreiben Sie die jeweils wichtigeren auf ein Blatt Papier. Natürlich sind alle Begriffe irgendwie für eine Beziehung wichtig. Aber entscheiden Sie sich trotzdem spontan für jeweils einen.

2. Schritt:
Sie haben jetzt eine Liste mit zwölf Motivatoren auf Ihrem Zettel. Vergleichen Sie unter den übrig gebliebenen Begriffen wieder jeweils zwei miteinander, von oben anfangend. Diesmal lassen Sie bitte den wichtigeren stehen, den anderen streichen Sie bitte durch.

3. Schritt:
Jetzt haben Sie noch sechs Begriffe auf Ihrer Liste. Vergleichen Sie diese jetzt wieder paarweise. Streichen Sie drei. Drei bleiben übrig.

4. Schritt:
Sie haben jetzt drei Motivatoren übrig. Sortieren Sie sie bitte nach ihrer Wichtigkeit. Der wichtigste bekommt eine 1, der zweitwichtigste eine 2, der dritte die 3. Damit haben Sie Ihre stärksten Motivatoren, die etwas über Ihre Zufriedenheit oder Unzufriedenheit in der Beziehung aussagen.

Irgendwelche Erkenntnisse? Auf jeden Fall eine wunderbare Grundlage, um mit dem Partner/der Partnerin zu reden. Wie sehen seine/ihre Präferenzen aus?

Besonderheit beim Coachen
Ermutigen Sie Ihre Coachees, dass sie wirklich sehr schnell und »aus dem Bauch« heraus ihre Wahl treffen. Wenn der andere zu lange über die verschiedenen Begriffe nachdenkt, verhakt er sich oft im »Aber der ist doch auch wichtig«. Es ist nicht erlaubt zu »schummeln«. Achten Sie darauf, dass wirklich anhand der vier Schritte vorgegangen wird. Es ist verblüffend, dass das Ergebnis tatsächlich so gut wie immer das aktuelle Thema trifft. Das kann doch nicht so einfach sein und so schnell gehen, denken Sie jetzt vielleicht. Probieren Sie es aus!

Besonderheit beim Selbstcoachen
Sie können diese Übung gut für sich allein machen. Vermeiden Sie aber zu »schummeln«, nur weil Ihnen die Kombination der beiden Begriffe nicht passt. Die hat schon ihren Sinn. Wenn Sie sich an das Ausschlussverfahren halten, werden Sie sich selbst besser kennenlernen. Das Beziehungsraster ist auch eine wunderbare Methode, um mit dem Partner, der Partnerin ins Gespräch zu kommen.

8. Die Ja-aber-Technik

Anwendung: Respekt vor anderen Menschen steigern
Situation: Zum Selbstcoachen und zum Coachen von anderen
Voraussetzung: Bereit sein, das Positive an einem Menschen zu sehen
Methode: Dieser Impuls beruht auf einer Technik von Prof. Martin Seligman.
Dauer: 10 bis 20 Minuten

Es gibt soo viele Menschen, die einfach fuurchtbar sind! Aber was tun, wenn wir sie geheiratet haben oder täglich mit ihnen zusammenarbeiten müssen? Und wir uns weder scheiden lassen noch kündigen wollen? Es gibt eine wunderbare Technik, die uns hilft, den Fokus von »furchtbar« auf »okay« zu stellen. Martin Seligman, Vertreter der Positiven Psychologie, hat diese Technik in seinem Buch *Der Glücks-Faktor* beschrieben und ich wende sie seit einiger Zeit erfolgreich in meinen Coachings an.

Glückliche Eheleute, so haben Forschungsergebnisse gezeigt, beugen einer allmählichen Respektlosigkeit in der Ehe vor, indem sie den »Zünder« aus kleinen »Sprengfallen« entfernen. Wie sie das machen? Ganz einfach. Sie halten fest an den Illusionen aus der Anfangszeit, der Zeit der ersten Liebe, als sie an dem geliebten Menschen nur Gutes gesehen haben. Und sie haben recht damit, wie Seligman nachgewiesen hat:

Je mehr positive Seiten wir an unserer Partnerin oder unserem Partner sehen – mehr, als er oder sie an sich selbst erkennt – und je mehr wir die positiven Seiten zum zentralen Thema der Liebe machen – und nicht die Fehler und Schwächen –, desto glücklicher und haltbarer wird die Verbindung mit diesem anderen Menschen.

Das Gleiche funktioniert, so habe ich festgestellt, bei Menschen, denen wir durchs Schicksal verbunden sind, wie die eigene Familie, die Schwiegerfamilie oder auch bei Nachbarn. Diese Menschen kann man sich bekanntlich nicht aussuchen (jedenfalls wenn man sich nicht wegadoptieren, scheiden lassen oder ständig umziehen will). Aber durch die Konzentration auf die positiven Eigenschaften können wir ein gutes Verhältnis schaffen.

Auch auf einem dritten Feld kann die Ja-aber-Technik sehr hilfreich sein: bei Kollegen, Kunden oder Vorgesetzten, die wir privat nie zum Grillen einladen würden, mit denen wir aber täglich zusammenarbeiten müssen/wollen. Auch hier geht es nicht ohne Respekt, auch hier geht es darum, am anderen positive Seiten zu erkennen, wenn es sein muss, durch harte Denkarbeit.

Mir fällt das manchmal auf, wenn ich zu einem Vortrag in ein Unternehmen eingeladen bin. Meist werde ich dann vorher vom Vorstand zum Essen oder auf einen Kaffee eingeladen, und meistens habe ich sehr charmante Herren vor mir (Vorstände sind leider meist noch überwiegend männlich). Wir unterhalten uns sehr nett, reden über dies und das, es macht richtig Spaß und ist hochinteressant. Dann stehe ich nach dem Vortrag mit Mitarbeitern zusammen und die schimpfen über »die da droben«. Wenn ich dann erzähle, wie charmant ich »die da droben« erlebt habe, können sie es nicht glauben.

Aber das Schema, das wir einem Menschen zuordnen, ist eben unvollständig und meistens sehr einseitig. Die wenigsten Menschen sind ausschließlich »Kotzbrocken«, »Schleimer« oder »Faulpelze«. Nur hat unsere Wahrnehmung irgendwann einen Filter eingesetzt, der eine andere Sicht und ein anderes Urteil gar nicht mehr zulässt. Dieser Coaching-Impuls ist ideal, um diese einseitige Sichtweise aufzubrechen.

Die Ja-aber-Technik geht so: Sie erkennen klar, wo die Partnerin oder der Partner, der Cousin oder die Schwiegermutter, der Kollege oder die Chefin Fehler, Mängel und Schwächen hat. Bei Ihrer Wahrnehmung brauchen Sie sich nicht zu belügen. Sie sagen: »Ja, so ist er« oder »Ja, so ist sie«. Aber dann folgt das große »Aber«. Sie suchen so lange nach den guten Seiten dieser Schwachstellen, bis Sie Gründe gefunden haben, den Partner oder die Partnerin dennoch zu lieben, Ihre Familienangehörigen, Nachbarn oder Kollegen zu achten.

Hier einige typische Ja-aber-Sätze:

In der Partnerschaft:
Ja! Ich hasse seine ausgebeulten Cordhosen. *Aber* er zeigt mir mit seiner Garderobe zugleich, dass auch ich nicht immer hochmodisch und gestylt herumlaufen muss. Das hat viel Zwang, den ich seit Mädchentagen gespürt habe, von mir genommen.

Ja! Sie ist viel zu spontan, hitzig, aufbrausend und ungerecht. *Aber* ohne ihr Temperament wäre unser Leben viel langweiliger.

Ja! Er lässt ständig alle Türen offen stehen. *Aber* die Kinder können ihn jederzeit bei seiner Arbeit unterbrechen, und er nimmt sich Zeit für sie.

Ja! Sie ist schüchtern. *Aber* erst dadurch habe ich entdeckt, was für ein fürsorglicher Mann ich sein kann.

Ja! Er ist manchmal furchtbar zerstreut beim Autofahren. *Aber* er sagt niemals etwas Kritisches zu meinen Fahrkünsten.

Ja! Er ist oft einfach nur stur. *Aber* ich schätze seine Überzeugungsstärke.

In der Familie:
Ja! Onkel Hans hat eine sehr konservative Einstellung. *Aber* wie er sich um seine Frau kümmert, die im Rollstuhl sitzt, das rührt mich.

Ja! Meine Schwiegermutter nervt mich, wenn sie dauernd fragt, warum ich trotz zweier Kinder arbeiten gehen will. *Aber* sie ist eine wunderbare Babysitterin.

Ja! Unser Nachbar ist verrückt mit seinem Maschinenpark von Rasenmäher bis Laubsauger. Und an manchen Samstagen könnte ich ihn ermorden. *Aber* er ist auch sehr hilfsbereit, wann immer wir etwas brauchen, leiht er uns sein Werkzeug.

Ja! Die beste Freundin meiner Frau hat ein laut meckerndes Lachen, das mich manchmal wahnsinnig macht. *Aber* ich weiß, dass sich meine Frau zu hundert Prozent auf sie verlassen kann.

Ja! Mein Cousin ist ein elendiger Angeber. *Aber* es beeindruckt mich, dass er sein Studium vollkommen selbst finanziert hat, um unabhängig von seinen Eltern zu sein.

Im Beruf:
Ja! Mein Chef ist launisch. *Aber* manchmal, wenn er gut drauf ist, haben wir richtig viel Spaß in der Abteilung.

Ja! Meine Mitarbeiterin kann manchmal eine richtige Zicke sein. *Aber* wenn es drauf ankommt, kann sie zupacken und arbeiten wie ein Pferd.

Ja! Der Kunde nervt mich ständig mit seinen Änderungswünschen. *Aber* er hat uns manchmal auf gute Ideen bei der Produktentwicklung gebracht.

Ja! Die Chefin ist oft ziemlich fordernd und manchmal überfordert sie mich. *Aber* sie bevorzugt auch niemanden, ist zu allen gleich barsch.

Ja! Mein Kollege schafft es immer wieder, Arbeit weiterzudelegieren, der faule Hund. *Aber* er hat immer für mich Zeit, wenn ich mal einen Rat brauche.

Und diese Sätze helfen auch:

Ja! Ich verdiene weniger als andere in der Branche. *Aber* ich würde meine fantastischen Kollegen nicht missen wollen.

Ja! Ich könnte in einer anderen Stadt mehr Chancen haben. *Aber* ich wohne gern hier und habe nur zehn Minuten bis zur Firma.

Ja! Ich könnte noch meinen Doktor machen. *Aber* dann hätte ich zu wenig Zeit für meine Familie, und das will ich nicht!

Drehen wir es doch einmal um: *Ja!* Dieser Coaching-Impuls ermöglicht ein subjektives Aussöhnen mit den negativen Seiten eines Menschen oder einer Situation. *Aber* sicher wird es auch mal Punkte geben, bei denen man sich nicht mehr arrangieren kann.

Die Ja-aber-Technik hat eine natürliche Grenze: Wenn wir bei bestem Willen und langem Nachdenken absolut nichts Positives an einem Menschen finden können, dann kann es Zeit sein, sich zu verabschieden.

Stellen Sie sich vor, Sie müssten für einen Chef arbeiten, an dem Sie kein gutes Haar finden. Oder Ihre Schwägerin wäre nur bissig und würde sich ständig ätzend in Ihre Ehe einmischen. Oder der Nachbar wäre ein widerlicher Typ, der gegen Ausländer oder Hartz-IV-Empfänger hetzt. Wenn

Sie dann kein positives Aber finden, sind Sie jenseits dieses Erklärungsschemas. Und dann sind Sie wahrscheinlich bereit, etwas zu verändern, sich eine andere Stelle zu suchen, die Schwägerin zur Rede zu stellen, nicht zu schweigen, wenn der Nachbar seine dummen Slogans skandiert, vielleicht sogar, sich eine andere Nachbarschaft zu suchen.

Besonderheit beim Coachen

Die Ja-aber-Technik ist ein wunderbarer Impuls, um Coaching-Klienten aus der Jammerfalle zu befreien. Oder aus der Einstellung »Alle doof außer mich!«, wie mein Sohn mal scherzhaft gesagt hat. Wenn der Exmann in der Wahrnehmung einer Klientin nur noch als »Depp« bezeichnet wird, wenn ein Klient den Satz sagt: »Unsere Chefs sind alle Idioten«, oder wenn angeblich der Nachbar an allem schuld ist, dann kann dieser Impuls die Starrheit und Sturheit aufbrechen, in die ein Mensch geraten ist. Und er kann das Reden über den eigenen Anteil am Lebenserfolg in Gang bringen.

Besonderheit beim Selbstcoachen

Dieser Coaching-Impuls kann zementierte hinderliche Einstellungen aufbrechen. Er kann helfen, wieder Respekt vor Menschen zu bekommen, mit denen Sie es zu tun haben (müssen). Die Kunst dabei ist, über den ärgerlichen/verletzenden/peinlichen Seiten eines Menschen die anderen positiven Seiten zu sehen, die er wahrscheinlich auch hat.

9. Die Fehlersonne

Anwendung: Nach Fehlern aus Selbstvorwürfen finden
Situation: Zum Selbstcoachen und zum Coachen von anderen
Voraussetzung: Ehrlichkeit, Versöhnungsbereitschaft
Methode: Dieser Impuls entspricht der Feedforward-Methode nach Marshall Goldsmith.
Dauer: 20 bis 30 Minuten

»Wie *konnte* mir das nur passieren?« Kennen Sie diesen Tonfall, in dem sich Menschen selbst beschimpfen? Sie oder er hat einen Fehler gemacht und nimmt sich das total übel. Ach, so sind Sie auch? Na, dann wird Ihnen dieser Coaching-Impuls helfen. Die Fehlersonne ist eine supergute Übung für Menschen, die selbst ihre größten Kritiker sind.

Ich arbeite seit etwa zehn Jahren im Coaching mit diesem Tool. Es hilft, Menschen aus ihren Selbstvorwürfen herauszuführen und den Blick nach vorne zu richten. Dieser Coaching-Impuls ist auch sehr gut im Selbstcoaching anzuwenden, weil er eine klare Vorgehensstruktur hat.

Im Jahr 2008 lernte ich in New York Marshall Goldsmith kennen, der zu den 50 amerikanischen Topcoaches zählt. Er sagt, dass er seinen Klienten, die meisten sind Vorstände von Weltfirmen, das »Feedforward« beibringe. Das Wort Feedback hat sich längst auch in der deutschen Sprache seinen Platz erobert: »Darf ich Ihnen mal ein Feedback geben?« Es bedeutet, etwas Gewesenes zu beurteilen, also zurückzuschauen. Negatives Feedback nennt man auch manchmal »Manöverkritik«.

Goldsmith hält dies für eine Methode von gestern. Zukunftsträchtig sei ein »Feedforward«, also ein Blick nach vorne. Statt sich in der Fehlersuche zu suhlen und – auch ein sehr deutsches Phänomen – vor allem einen Sündenbock auszumachen, sollte man lieber gemeinsam überlegen, wie zukünftig solche Fehler vermieden werden können, sprich: gemeinsam für die Zukunft planen.

Natürlich fühlte ich mich von Goldsmith mit meiner Fehlersonne sehr bestätigt. Als sehr lösungsorientiertes Tool fügt es sich gut in die LOKC-Methode ein, bei der es nicht um Tiefenpsychologie geht, sondern um »Höhenpsychologie«, denn Coaching ist auf der Höhe der Zeit. Dieser Coaching-Impuls konzentriert sich nicht auf Schuld und Schuldzuweisungen, sondern auf die nüchterne Analyse und das Suchen nach Optimierungsmöglichkeiten. Wie wussten schon unsere Vorfahren: »Es macht keinen Sinn, über verschüttete Milch zu jammern.« Engländer nennen das übrigens »Shit happens«.

Ein Beispiel wird Ihnen die Arbeit mit der Fehlersonne erläutern:

Karina M., 27, arbeitet als Sekretärin in der Geschäftsführung eines mittelständischen Unternehmens. Sie macht sich heftige Vorwürfe, weil sie vor einer Woche vergessen hat, die Einladung zu einer wichtigen Sitzung zu verschicken. Ihr Chef war kurz sauer. Die Situation konnte auch noch gerettet werden. Aber Karina nimmt sich das sehr übel: »Ich weiß überhaupt nicht, wie mir das passieren konnte.«

Keine hilfreiche Formulierung, sie beinhaltet Selbstbeschimpfung statt Analyse. Die Fehlersonne soll ihr helfen, den Blick wieder nach vorne zu richten.

Hier die fünf Schritte bei der Arbeit mit der Fehlersonne:

1. Schritt: Alles hat zwei Seiten

Sie nehmen ein DIN-A-4-Blatt quer. Teilen Sie das Blatt durch eine senkrechte Linie in der Mitte.

Arbeiten mit der Fehlersonne

DIN-A4-Blatt quer

2. Schritt: Die Sonne geht auf

In die linke Hälfte des Blatts malen Sie eine Sonne. In die Sonnenmitte schreiben Sie den Fehler, den Sie gemacht haben, oder über den Sie nachdenken.

Karina M. schreibt: »Vergessen, die Einladung rauszuschicken«.

Dann malen Sie einige Sonnenstrahlen dazu und schreiben daran alle Ursachen, die im Rückblick Ihrer Meinung nach zum Fehler geführt haben.

Karina schreibt: Morgens zu spät gekommen – Streit mit Freund gehabt – Kollegin war krank – Telefon hat ständig geklingelt – Keine To-do-Liste gemacht – Reise für Chef umplanen – Große Hektik.

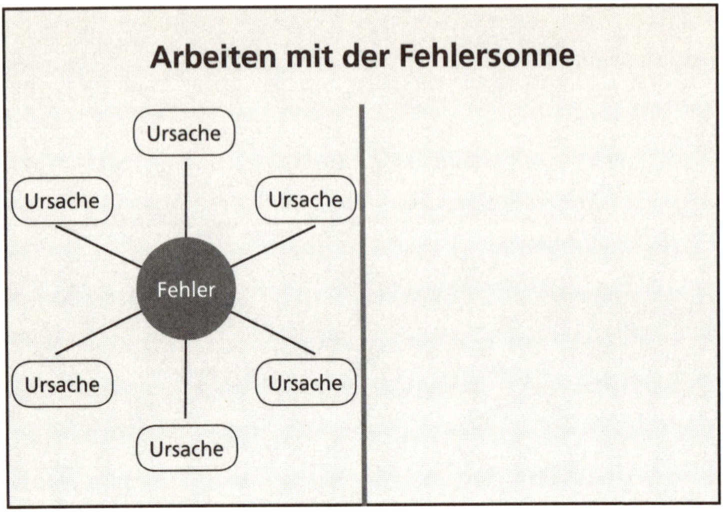

3. Schritt: Eine zweite Sonne geht auf

Jetzt malen Sie in die rechte Hälfte des Papiers ebenfalls eine Sonne. In die Mitte schreiben Sie das Ziel, also: Wie soll es in Zukunft sein, damit dieser Fehler nicht mehr vorkommen kann?

Karina schreibt in die Mitte: »Einladung pünktlich raus!«

An die Sonnenstrahlen notieren Sie für jede Ursache eine Verbesserungsmöglichkeit.

Karina schreibt für:

Morgens zu spät gekommen - Eine Viertelstunde früher losfahren

Streit mit Freund gehabt - Kann immer mal passieren (Wunsch: vor Stresstagen im Job Privatstress gering halten)

Kollegin war krank - Mit Chef wegen Vertretungsregel sprechen

Telefon hat ständig geklingelt - Kollegin aus anderer Abteilung bitten, zeitweise zu ihr umstellen zu können

Keine To-do-Liste gemacht – To-do-Liste führen; in Outlook automatische Erinnerungen einfügen

Reise für Chef umplanen – Kollegin aus anderer Abteilung um Hilfe bitten

Große Hektik – Drei Minuten Auszeit nehmen, um wieder auf klare Gedanken zu kommen

Ein Hinweis für diese Vorgehensweise: Es geht nicht darum, Karina von Schuld für ihren Fehler freizusprechen. Es geht nämlich gar nicht um Schuld. Schuld und Scham rauben Energie und verstärken die Angst, dass es wieder passieren könnte. Es geht vielmehr darum, die Ursachen klar zu erkennen und dafür vorzusorgen, dass in einer ähnlichen zukünftigen Situation alle wichtigen Dinge erledigt werden.

Wenn Sie also beim Arbeiten mit der Fehlersonne immer wieder von Scham oder Ärger über sich selbst übermannt werden, halten Sie inne und bringen Sie Ihre Gedanken wieder auf Analysekurs. Erinnern Sie sich: Was war damals los? Welche Faktoren haben mich abgelenkt? Was kann ich ändern?

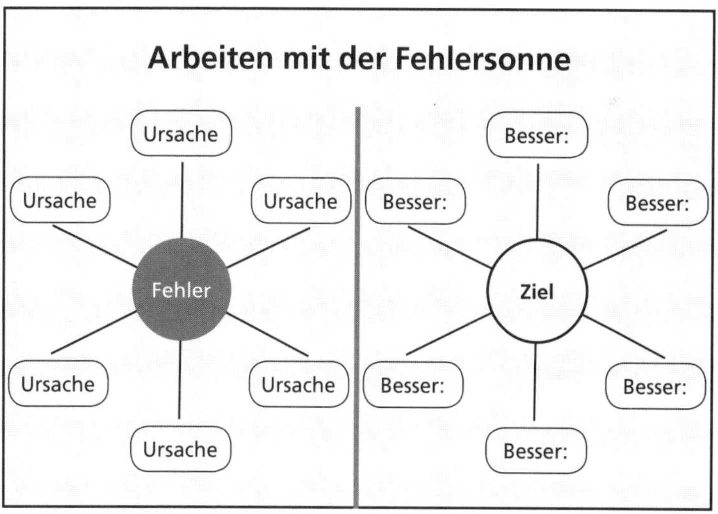

4. Schritt: Fokus auf die Zukunft richten
Jetzt knicken Sie das Blatt in der Mitte und falten es so, dass nur noch die Zielsonne zu sehen ist. Damit verschwindet automatisch der Fehler und damit gedanklich auch die kritische Selbstbespiegelung. Nur noch die Verbesserungen sind sichtbar. Und auf die kommt es an.

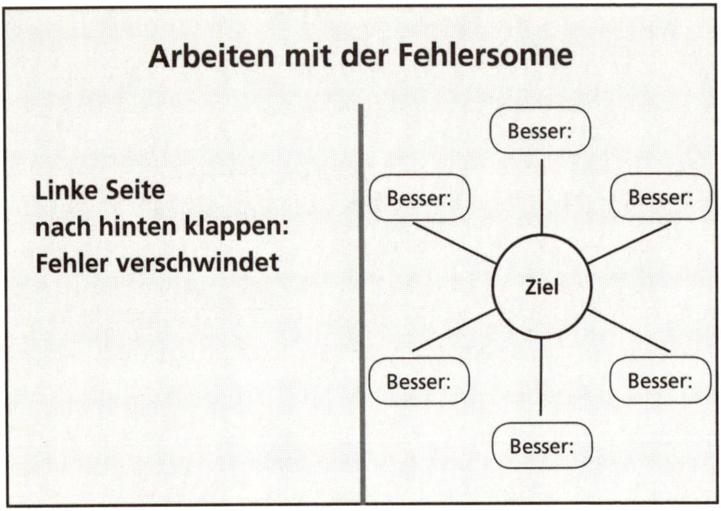

5. Schritt: Ziel sichtbar machen
Die Zielsonne können Sie sich jetzt an die Wand kleben oder in eine Schublade legen, die Sie täglich benutzen.

Karina hat sich durch die Arbeit mit der Fehlersonne mit sich selbst ausgesöhnt, und sie hat ihrem Chef ihre Zielsonne gezeigt. »Gefällt mir!«, hat er gesagt.

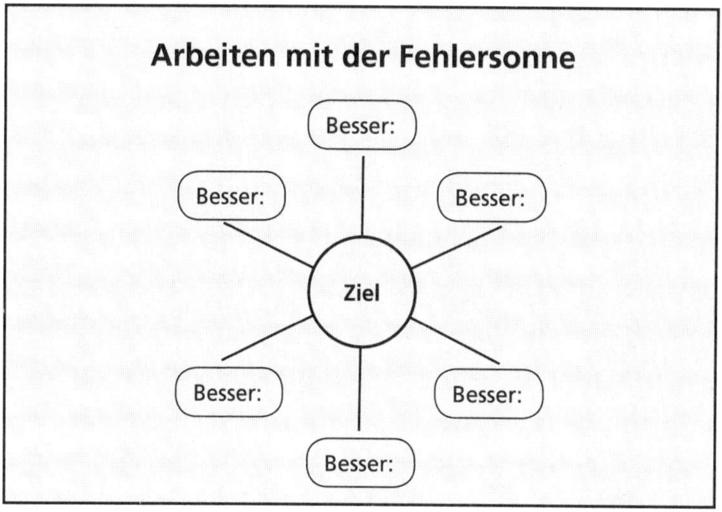

Besonderheit beim Coachen
Erklären Sie Ihrem Coaching-Partner, dass es bei diesem Impuls weder um Schuldzuweisung noch um Freispruch von Schuld geht. Es geht überhaupt nicht um Schuld. Sondern es geht um das Korrigieren von Fehlverhalten. Dies verhindert Abwehrmechanismen wie »Ich konnte gar nichts dafür, es war aber auch so viel los«. Viel befreiender ist der Ansatzpunkt mit Sätzen wie »Ja, ich habe einen Fehler gemacht und ich möchte ihn in Zukunft vermeiden!«.

Besonderheit beim Selbstcoachen
Gehen Sie Schritt für Schritt durch den Fehlersonnen-Prozess und erleben Sie selbst, wie Sie aus Entschuldigungszwängen herauskommen und Ursachenforschung betreiben können. »Aha, so war das, das kann ich ändern.« Es geht nicht darum, perfekt zu werden. Niemand ist ohne Fehl und Tadel. Ziel ist es, schnell und präzise aus Fehlern zu lernen.

10. Die Happy Hour

Anwendung: Erfolge spüren können
Situation: Zum Selbstcoachen und zum Coachen von anderen
Voraussetzung: Zeit und Raum, sich zurückziehen zu können
Methode: Ein Impuls nach Diplom-Psychologe Siegfried Brockert
Dauer: 15 bis 45 Minuten pro Tag

Manche Menschen schaffen es nur schwer, sich an gelungene Arbeit zu erinnern und stolz darauf zu sein. Vor allem bei Frauen erlebe ich das immer wieder. Sie *wissen* vielleicht, dass sie gut und erfolgreich sind, aber sie *spüren* es nicht. All denen empfehle ich die »Happy Hour«, ein wunderbarer Coaching-Impuls, mit dem Sie jeden Tag ein bisschen mehr Zufriedenheit finden können. Und der dazu beitragen kann, dass Sie nach und nach Ihre »Erfolgs-Bauchgewissheit« stärken können.

Die Happy Hour – die glückliche Stunde – ist eine englische Erfindung aus der Zeit, als das Leben noch mehr geordnet war. Die Menschen arbeiteten »from 9 to 5« (also von morgens neun bis abends 17 Uhr) – und dann erst wurde in den Bars Alkohol ausgeschenkt. Die »glückliche Stunde« war also die von 17 bis 18 Uhr. Noch heute ist es in England Gewohnheit, abends nach dem Job erst noch mit den Kollegen einen Happy-Hour-Drink zu nehmen.

Diese Happy Hour hat durchaus ihren Sinn: Sie strukturiert den Tag, sie schafft für viele Menschen eine gute Gewohnheit, man schaltet um von Arbeit auf Freizeit, man gibt sich den »push«, sich um sich selbst und um die Mitmenschen zu kümmern. Die genaue Uhrzeit ist dabei nebensächlich. Wichtig dabei ist, dass der Tag vom Gefühl her strukturiert ist. Struktur gibt ein gutes Gefühl von Sicherheit und Geborgenheit. Viele Menschen haben heute dieses gute Gefühl nicht mehr. Sie sind gehetzt, sie verlieren den Überblick über die Zeit, und das atemlose Stolpern in den Abend lässt keine Zeit für einen guten Arbeitsausklang.

So ist es nicht gut für uns, dass Menschen heute Rituale fehlen, die das Leben strukturieren und dadurch Hektik und Stress einschränken. Nicht das Trinken selbst ist der gesundheitsfördernde Wirkstoff in der Happy Hour, sondern eher das Abschalten-Können.

Die Happy Hour, die ich Ihnen als Coaching-Impuls empfehlen möchte, ist eine Abwandlung dieser alten Sitte des Abschaltens. Sie dient dem Loslassen von Stress, aber mehr noch: Sie dient auch dem Gefühl, etwas geleistet zu haben.

Falls Sie zu den Menschen gehören, die ihre Talente und Fähigkeiten gering schätzen, kann eine 4-Wochen-Übung sehr hilfreich sein. Und so gestalten Sie Ihre ganz persönliche Happy Hour:

1. Setzen Sie sich gegen Abend nach der Arbeit (oder Ihrem erlebten Tag), wenn Sie Ruhe gefunden haben, bequem hin – gern mit einer angenehmen, beruhigenden Musik im Hintergrund und einem Getränk (muss kein Alkohol sein). Sorgen Sie dafür, dass Sie nicht gestört werden. Eine halbe bis eine Dreiviertelstunde wäre perfekt. Lassen Sie dann Ihren Tag an Ihrem inneren Auge vorüberlaufen. Wie einen Film. Schauen Sie hin: Was ist gut gelaufen, was weniger gut? Aber beherzigen Sie eins: Sie sind Zuschauer, nicht Akteur. Springen Sie nicht innerlich hoch, schlagen Sie nicht die Schlachten des Tages noch einmal und machen Sie auch keine Manöverkritik. Schauen Sie einfach nur hin. Am Anfang solch einer Glücksstunde kommen meist die negativen Bilder, Eindrücke und Stimmungen hoch – die Tagesreste, wie Sigmund Freud sie genannt hat. Alles also, was im Laufe des Tages verdrängt oder sonstwie nicht ordentlich verarbeitet worden ist.

Freud hat meines Wissens nichts von einer Happy Hour gewusst. Und er hat geglaubt, dass wir die Tagesreste – die man auch als »Seelenmüll« bezeichnen kann – erst im Traum verarbeiten, weil wir im Schlaf nicht mehr von den Wächtern des Bewusstseins davor bewahrt werden, uns den unverarbeiteten Dingen zu stellen. Sich mit diesen unerfreulichen seelischen Tagesresten zu konfrontieren, braucht manchmal sogar Mut. Irgendwelche Fehler gemacht? Irgendwas vergessen? Irgendwas noch zu tun? In der Happy Hour aber können Sie sich diesen Dingen ganz entspannt im Hier und Jetzt öffnen. Und wenn Sie das tun, stellen sich bald schon wie von selbst leichte Gedanken und Glücksgefühle ein.

2. Es ist gut möglich, dass zuerst kein fröhlicher Film vor Ihrem geistigen Auge abläuft und dass Sie deshalb keine positiven, sondern stressige Gefühle verspüren. Das hat einen biologischen Sinn! Unsere Gefühle sind Grobeinschätzungen unserer momentanen Lebenssituation. So wie die Zunge uns durch bitteren Geschmack vor ungenießbarer Nahrung warnt, warnen uns unsere bitteren Gefühle vor anderen möglichen Gefahren. Eine typische Mahnung dieser Art lautet: »Hast du etwas Wichtiges vergessen?« Oder: »Das darf dir nicht noch einmal passieren.«
3. Wenn Sie sich etwas notieren wollen, das Sie nicht vergessen sollten, tun Sie es, und lehnen Sie sich dann wieder in Ihren bequemen Sessel zurück.
4. Lassen Sie den Film des Tages weiterlaufen und immer dann anhalten, wenn Sie sich in einer fröhlichen Situation erleben, wenn Sie eine gute Tat vollbracht haben, wenn Sie eine Ihrer geistigen Stärken, eins Ihrer Talente oder eine Ihrer Charakterstärken ins Leben eingebracht haben. Auch wenn Sie von jemandem gelobt wurden oder sich jemand für etwas bei Ihnen bedankt hat: Vor-

gesetzte, Kollegen, Kunden, Nachbarn, jemand aus der Familie.

5. Notieren Sie vier Wochen lang diese guten Erinnerungen, die sie kräftig, klug und/oder souverän zeigen. Legen Sie sich dafür einen Ordner oder ein hübsches Notizbuch an. Glück ist ein zartes, ein scheues Gefühl. Es meldet sich erst, wenn die negativen Gefühle verarbeitet sind. Bleiben Sie also in der Ruhe. Ihr »innerer Arzt« wird Ihnen helfen, von negativen auf glückliche Gefühle umzuschalten.
6. Nach vier Wochen schauen Sie sich Ihr Happy-Hour-Ergebnis an. Sie haben quasi ein Erfolgstagebuch geführt. Und oft hilft diese Sammlung von kleinen Erfolgen dazu, sich klarzumachen, was Sie alles so leisten. Die Summe ist sehr überzeugend. Falls Sie wirklich nichts haben, was Sie in Ihr Erfolgstagebuch schreiben konnten, kann das ein Hinweis dafür sein, dass Sie mehr Farbe in Ihr Leben bringen sollten.

Die Happy Hour, die Glücksstunde, ist der Weg zu tagtäglicher Zufriedenheit. Probieren Sie es einfach aus. Mag sein, dass es Wochen dauert, bis Sie das gute Gefühl der Zufriedenheit spüren, aber diese Zeit zu investieren, lohnt sich:

- Pflegen und nutzen Sie die Happy Hour.
- Machen Sie den Abend durch eine Glücksstunde zu einem echten Feier-Abend.
- Schalten Sie dabei Körper, Geist und Seele von der Tages-Anspannung auf Entspannung um, damit Sie den Tag ohne Hektik, Kampf und Krampf abschließen. Denn so können sich Ihre körperlichen Kräfte und Ihre Motivationskräfte regenerieren.

Sie müssen dazu nicht in ein Lokal und auch nicht zwingend unter Menschen gehen. Setzen Sie sich hin - allein oder mit Partner oder Partnerin. Sitzen Sie einfach da - gerade so, wie es die alten Leute vor hundert Jahren auf dem Land am Abend auf der Gartenbank getan haben. Schauen Sie vor sich hin, ohne etwas zu fixieren oder genau erkennen zu wollen. Schauen Sie in die Natur und nicht in die Flimmerwelt eines TV- oder Computerbildschirms. Natur wirkt heilsam auf Sie - denn auch Sie sind Natur.

Besonderheit beim Coachen

Wenn Sie Ihren Coaching-Klienten diese Übung empfehlen, machen Sie am besten einen Termin aus, wann Sie sich gemeinsam das Ergebnis anschauen. Menschen mit sehr niedrigem Selbstwertgefühl können sogar aus einer Liste von fantastischen Erfolgen noch ein Scheitern herauslesen.

Besonderheit beim Selbstcoachen

Schreiben Sie doch mal die fünf größten Erfolge Ihres Berufslebens auf: Wofür sind Sie belobigt oder ausgezeichnet worden? An welche gewonnene Herausforderung erinnern Sie sich besonders gern? Bei welchen Tätigkeiten geraten Sie in den Flow? Können Sie Gemeinsamkeiten feststellen? Was haben diese Erfolge mit Ihren Talenten zu tun? Mit welchen? Noch ein Tipp: Erzählen Sie die Ergebnisse Ihrer Überlegung einem Menschen, der Ihnen wohlwollend gegenübersteht. Spüren Sie, wie sich das anfühlt, gut über sich zu reden. Und achten Sie auf die Reaktion, die Sie bekommen.

11. Das 3-Millionen-Euro-Spiel

Anwendung: Kreativitätsfeuer für die Zukunft
Situation: Zum Selbstcoachen und beim Coachen von anderen
Voraussetzung: Fantasie, Selbsteinschätzung
Methode: Dieser Impuls führt spielerisch zu Erkenntnissen.
Dauer: 15 bis 30 Minuten

Dieser Coaching-Impuls ist ein Spiel mit ernsthaften Folgen. Er nutzt die Fantasie der Gecoachten und befeuert ihre Kreativität dadurch, dass er finanzielle Sicherheit vorgaukelt. Materielle Zwänge bleiben außen vor, deshalb kann das Hirn unbesorgt wilde Sehnsüchte und heimliche Wünsche, verrückte Ideen und klare Erkenntnisse schicken – es ist ja nur ein Spiel.

Warum 3-Millionen-Euro-Spiel? Das Thema Geld spielt eine große Rolle bei der Scheu vor Veränderungen. »Das kann ich mir nicht leisten, ich habe doch finanzielle Verpflichtungen«, höre ich oft, oder: »Ich möchte aber meinen Lebensstandard behalten«. Das sagen Menschen, denen das Unglück ins Gesicht geschrieben, der Magen übersäuert und die Seele bewölkt ist – aber: »Meinen Lebensstandard möchte ich nicht aufgeben.«

Ins Coaching kommen natürlich meistens die, deren Lebensmodell bereits einen kleinen Riss hat; die schon merken, dass die Bilanz nicht (mehr) stimmt; deren Sehnsucht die Vernunft ab und zu übertönt. Aber auch die bringen eine gewaltige Furcht mit: »Ich kann doch nicht einfach ...« Genau dafür habe ich das 3-Millionen Euro-Spiel entwickelt. Wenn die Angst wegfällt, vor dem finanziellen Nichts zu stehen, dürfen die Sehnsüchte laut werden.

Und das sind die Spielregeln:

Die Ausgangsfrage lautet: Stellen Sie sich vor, Sie erhielten eine Erbschaft über drei Millionen Euro von irgendeinem verstorbenen Verwandten, von dessen Existenz Sie bisher nichts wussten. Sie bekommen das Geld aber nur, wenn Sie berufstätig bleiben. Ob fest angestellt oder selbstständig, halbtags oder ganztags, in Deutschland oder irgendwo sonst in der Welt, bleibt Ihrer Fantasie überlassen. Ein Beispiel: Nur noch in Thailand am Strand liegen, gilt nicht. Eine Tauchschule oder eine Bar in Thailand gründen, gilt schon. Heißt: Sie müssen mit Ihrer Arbeit auch Geld verdienen. Das Geld lediglich zu verwalten gilt übrigens in diesem Spiel nicht als Arbeit.

Sie können das Geld in eine Berufstätigkeit investieren, Sie können es aber auch als Sicherheit auf die Bank oder unter die Matratze legen. Die Frage ist: Was würden Sie mit drei Millionen im Rücken beruflich tun?

Bei meinen Klienten kann ich immer wieder den gleichen interessanten Aspekt beobachten. Im Schutz von drei Millionen Euro wird das Hirn frei, die Fantasie schickt klare Bilder, ja manchmal fertige Konzepte. Die meisten schreiben blitzschnell auf, was sie sich vorstellen. Manche haben sogar zwei oder drei parallele Ideen. Die meisten lächeln, während sie ihre Fantasien aufschreiben.

Wenn Sie dieses Spiel im Coaching verwenden, geben Sie Ihren Coaching-Klienten genug Zeit zum Nachdenken und Beschreiben. Fragen Sie nach, was genau der Mensch sich vorstellt. Notieren Sie auch das Lebensgefühl, das mit dieser Idee verbunden ist. Im Selbstcoaching sorgen Sie selbst dafür.

Nach der Kreativphase heißt es, die Idee auf ihre Verwirklichung abzuklopfen: »Stunde der Wahrheit, leider gibt es die Erbschaft nicht.« Jetzt heißt es abchecken, ob für die aufgeschriebenen Szenarien überhaupt so viel Geld notwendig ist. Das kann der Fall sein, wenn jemand ein Hotel im Süden kaufen wollte oder einen Kinder-Bauernhof mit vielen Tieren.

Bei den allermeisten ruft diese Frage aber schon wieder ein Lächeln ins Gesicht. Sie verstehen sehr schnell: Meistens ist es nicht das Geld, das für Veränderungen fehlt. Sondern meistens sind es ganz andere Gründe: Bequemlichkeit, Angst vor Veränderungen, kein Mut zum Risiko, zu wenig Wissen oder fehlendes Umsetzungswerkzeug. Die Antworten sind in vier Kategorien einzuteilen:

1. »Ich würde genau das machen, was ich jetzt auch tue, wäre aber noch freier, wenn ich das Geld im Rücken hätte.«
2. »Ich würde genau das machen, was ich jetzt auch tue, aber ich würde meine Arbeitszeit reduzieren.«
3. »Ich bräuchte für meine Pläne schon ein kleines Startkapital, damit ich die Übergangszeit überstehen könnte.«
4. »Ja, ich brauche für mein Konzept Investitionskapital, aber das könnte ich mir vielleicht bei Banken oder Risikokapitalgebern besorgen.«

Viele Menschen kommen bereits mit anspruchsvollen, qualifizierten, marktgerechten Ideen ins Coaching. So gut wie niemand träumt davon, nur noch im Supermarkt Regale einzuräumen oder gar nichts mehr zu tun. Im Gegenteil, die meisten wissen »eigentlich« ziemlich genau, womit sie Erfolg und/oder mehr Lebensqualität haben könnten. Doch sie brauchen jemanden, der sie in ihrem Plan bestätigt, der ihnen hilft, die wirren Gedanken zu ordnen, oder der dem Plan seinen »Segen« gibt.

Wenn es nicht das Geld ist? Was hindert jemanden daran, seiner inneren Stimme zu folgen, für sein Wohlbefinden zu sorgen und endlich das zu tun, was er sich immer gewünscht hat? Durch aktives Nachfragen können im Rahmen dieses Spieles Ängste sichtbar gemacht werden (»Ich weiß ja nicht, ob das erfolgreich wird«) oder Vorurteile (»Eine 4-Tage-Woche erlaubt mein Chef mir nie!«). Und sehr oft stößt man auf Prägungen aus der Kindheit: »Kind, mach was Anständiges!«, »Aufgeben gilt nicht!« oder: »Wer A sagt, muss auch B sagen!«.

Es ist wohl kein Wunder, dass ein Großteil der Coaching-Kunden um die 40 ist. Also in dem Alter, in dem man sich schon mal überlegt: »Das kann doch noch nicht alles gewesen sein«. Und in dem man sich von den engsten Kindheitsmustern befreit hat.

Aus dem 3-Millionen-Euro-Spiel ist in meinen Coachings schon so manche Existenzgründung geworden bzw. ein Schritt in diese Richtung. Und manch andere haben sich endlich getraut, ihre Vorgesetzten von einer Arbeitszeitreduzierung zu überzeugen – übrigens auch in Führungspositionen. Und die neu gewonnene Zeit wurde für ein Herzensthema genutzt.

Besonderheit beim Coachen

Nehmen Sie die Fantasie Ihres Gegenübers ernst. Coaches sind nicht dazu da, die Träume der Gecoachten zu zerpflücken. Helfen Sie Ihrem Klienten, die Realisierungsmöglichkeiten abzuchecken. Und manchmal stellt sich heraus, dass das erträumte Ziel nur ein Ausdruck für andere Lebenswünsche ist, nach mehr Spaß, mehr Selbstbestimmung, mehr Wärme. Helfen Sie dem anderen, Wege zu finden, sich diese Wünsche in seinem »ganz normalen« Leben zu erfüllen. Ganz ohne drei Millionen Euro.

Besonderheit beim Selbstcoachen

Dieser Fantasie-Check kann Ihnen ganz neue Bilder in den Kopf setzen oder Sie dazu bringen, bereits vorhandene Bilder niederzuschreiben und zu konkretisieren. Fragen Sie sich im zweiten Schritt ernsthaft: Was fehlt mir (außer drei Millionen)? Sehr hilfreich ist auch die Frage: Was müsste sich ändern, dass ich mich trauen würde?

12. Die 7-A-Methode

Anwendung: Kürzer geht's nicht
Situation: Zum Selbstcoachen und beim Coachen von anderen
Voraussetzung: Disziplin und Konzentration
Methode: Highspeed-Coaching
Dauer: 10 bis 15 Minuten

Dieser Coaching-Impuls ist der komprimierteste, den ich im Rahmen des Lösungsorientierten Kurzcoachings (LOKC) empfehle, also Highspeed-Coaching at its best. Sie können so gut wie jede Lösung auf diese Weise erarbeiten. Voraussetzung: Die Fragestellung ist auf den Punkt gebracht, das heißt, es geht um ganz konkrete Schritte.

Die 7-A-Methode stützt sich auf sieben Fragen, die alle mit einem *A* beginnen (echt überraschend):

1. *Auftrag erteilen:* Wofür genau brauchen Sie eine Lösung?
2. *Abfragen:* Welche Überlegungen sind schon vorhanden?
3. *Alternativen*: Welche Möglichkeiten sehen Sie?
4. *Abwägen*: Welche Pros, welche Kontras sehen Sie?
5. *Aktiv werden:* Was werden Sie tun?
6. *Allianzen:* Wer kann Ihnen dabei helfen?
7. *Abschluss:* Wann geht's los?

Besonderheit beim Coachen
Vertrauen Sie der Intelligenz Ihres Gegenübers. Durch den Highspeed-Charakter dieses Coaching-Impulses laufen manche Menschen zur Lösungs-Hochform auf. Und plötzlich wird leicht, was schwer erschienen war.

Besonderheit beim Selbstcoachen
Sie können diese Methode für alle Überlegungen nutzen von »Wie soll ich den nächsten Kindergeburtstag organisieren?«

bis »Was machen wir beim nächsten Betriebsausflug?«. Von »Ich möchte mehr Anerkennung von meiner Chefin!« bis »Wie kann ich das Verhältnis zu meinen Nachbarn verbessern?« Probieren Sie es einfach aus.

13. Die Wer-führt-Frage

Anwendung: Wer führt wen beim Coaching
Situation: Beim Coachen von anderen
Voraussetzung: Glaube an die Kraft im Menschen
Methode: Geduldiges Begleiten
Dauer: 15 bis 30 Minuten

Eine klassische Situation: Jemand hat Sie gebeten, ihn zu coachen. Sie sitzen zusammen und der andere hat Ihnen geschildert, worum es geht. Wenn im Gespräch mit dem Sorgenvollen jetzt von ihm/ihr der Satz kommt: »Ich weiß gar nicht, was ich da machen soll!«, klingt das erst einmal nach Resignation. Oh, der Arme! Jetzt sag ich ihm mal, was er tun soll.

Aber das stimmt nicht. Im Gegenteil – Kapelle: Tusch, Fanfaren, jubelnde Chöre! Dieser Satz ist die klare Aufforderung: »Ja, frag mich, hak nach und hilf mir, die richtige Lösung zu finden. Ich bin gar nicht so weit davon entfernt.« Denn die wichtigste Botschaft in dem Satz lautet: »Ich weiß, dass ich etwas machen *muss*!« Übersetzt auch: »Ich weiß, dass ich etwas machen *kann*!« Ein Traum! Die halbe Miete!

Dieser Coaching-Impuls will Sie dazu auffordern, besonders auf solche Sätze zu achten. Sie klingen vielleicht mutlos und verhalten, aber sie sind die Aufforderung zum Tanz. Der größte Fehler wäre, dem Gecoachten in die Falle zu gehen und jetzt beginnen zu führen. Sprich, ihm einfach und bestimmt zu sagen, was er machen soll, suggestiv, direktiv. Keine Frage, die Versuchung ist groß, wenn man in die fragenden Augen schaut, das hilflose Schulterzucken bemerkt. Der Helferinstinkt wird gelockt.

Nein, nein, nein! Coachen ist kein Tanzturnier. Der Coach führt, der andere lässt sich führen? Der eine schlägt Kapriolen, der andere muss rückwärts nachtanzen? Dafür gibt es in dieser Situation keine Bestnoten.

Auch wenn Ihnen die Ideen wie Blitze durchs Hirn schießen: nein, nein, nein.

Auch wenn Sie doch die vermeintlich einzige, wahnsinnig kluge Lösung auf der Zunge haben: nein, nein, nein.

Auch wenn doch völlig klar ist, was den anderen aus der Misere führen würde: nein, nein, nein.

Jedenfalls nicht gleich. Bitte parken Sie alles ganz hinten in Ihrem Hirn. Oder schreiben Sie es auf, damit es nicht verloren geht. Vielleicht ist der andere ja doch völlig vernagelt und er sieht nicht den Hauch einer Lösung. Aber das ist unwahrscheinlich. Und das Vortanzen ist in dieser Phase des Coachings nur die zweitbeste Lösung.

Die bessere: Ihren Coaching-Klienten freundlich aufs Parkett führen, auf dem er seine *eigene* Musik hört, seinen *eigenen* Tanz wählt, seinen *eigenen* Rhythmus findet, seine *eigenen* Schritte und Drehungen entwickelt. Sie stehen ihm dabei treu zur Seite, gehen die Schritte mit und zeigen neue, halten den Takt, notieren die Choreografie und ermutigen ihn zu weiteren fantasievollen Figuren.

Und warum diese Selbstbeschränkung, dieses Zurückhalten genialer Experten-Ideen? *Weil die eigene Lösung die richtige Lösung ist.* Weil das Selberdraufkommen das Selbstbewusstsein stärkt. Weil die Begeisterung des eigenen Weges die Umsetzung ermöglicht und beschleunigt. Der eigene Beat bewegt die Füße.

Hier als Beispiel ein Kurzcoaching in einem Seminar zum Thema Durchsetzungsstrategien für Frauen. Eine Seminarteilnehmerin erzählt:
»Meine ältere Schwester mischt sich ständig ein, kritisiert alles, was ich tue. Ich weiß gar nicht, was ich da machen soll!«
»Was wollen Sie denn da machen?«
»Na, ich muss doch irgendwas tun.«
»Warum müssen Sie etwas tun?«
»Weil das doch so nicht weitergeht.«
»Was genau soll so nicht weitergehen?«
»Ich will nicht, dass meine Schwester mir ständig sagt, was ich falsch mache.«
»Wie soll es denn in Zukunft sein?«
»Die soll mich einfach in Ruhe lassen.«
»Was könnten Sie denn tun, damit sie Sie in Ruhe lässt?«
»Ich könnte ihr sagen, sie soll sich raushalten.«
»Wird sie das dann tun?«
»Das weiß ich nicht.«
»Haben Sie ihr das schon mal gesagt?«
»Nein, so deutlich noch nie.«
»Wie würden Sie ihr das denn sagen?«
»Halt dich aus meinem Leben raus!«
»Würde sie sich dann raushalten?«
»Na ja, vielleicht, eher nicht.«
»Gibt es eine noch bessere Formulierung, die Ihnen einfällt?«
»Ich könnte ihr sagen, dass ich jetzt selbst erwachsen bin und dass ich mein eigenes Leben lebe und meine eigenen Fehler machen muss.«
»Warum, glauben Sie, mischt sie sich ein?«
»Ich war ja immer die Kleine, die sich nicht selbst helfen konnte.«
»Und wie ist das heute?«

»Ich bin 23. Da werde ich ja wohl meine eigenen Entscheidungen treffen können.«
»Wollen Sie gar nichts mehr mit Ihrer Schwester zu tun haben?«
»Doch, schon, sie soll sich einfach mit ihren Kommentaren zurückhalten.«
»Können Sie sich Situationen vorstellen, in denen Sie ihren Rat mal brauchen könnten?«
»Ja klar, das kann schon sein.«
»Wie könnten Sie ihr das sagen?«
»Ich kann ihr sagen, dass ich sie gerne frage, wenn ich ihre Hilfe benötige. Aber nur dann!«
»Gefällt Ihnen diese Formulierung?«
»Ja, das ist gut.«
»Hm, Sie werden mit Ihrer Schwester darüber sprechen?«
»Ja.«
»Wann werden Sie mit ihr sprechen?«
»Am Wochenende, da treffe ich sie sowieso.«
»Haben Sie da Zeit, mit ihr unter vier Augen zu sprechen?«
»Ja, das kriege ich hin.«
»Viel Erfolg!«

Ich finde schon, dass der Coach auch Ideen, Anregungen, Tipps geben darf - aber nur, wenn der Coaching-Klient das explizit von ihm will. Wenn beispielsweise jemand zu mir kommt, der ein Buch schreiben möchte, gebe ich ihm natürlich viele Tipps aus meiner Erfahrung mit dem Buchschreiben mit - und werde nicht in vielen Stunden darauf hinarbeiten, dass er selbst daraufkommt. Oder gar bohren, warum dieser Mensch unbedingt ein Buch schreiben möchte. Und ob das nicht vielleicht eine Ersatzhandlung für etwas anderes ist. Coaching ist keine Therapie.

Aber gerade in solchen Situationen, wie oben beschrieben, ist nach meiner Erfahrung höchste Zurückhaltung angesagt.

Handlungskompetenz entsteht aus dem Finden eigener Lösungen. Das heißt nicht, dass der Coach nicht aktiv werden und wichtige Impulse zwischendrin geben kann – aus seiner Beobachtung, aus seiner Erfahrung, aus seinem Wissen. Aber sie wirken nur, wenn der Klient sie sich zu eigen machen kann und will und dadurch die Führung wieder übernimmt. Dann kann der Coach wieder lockerlassen und mitgehen.

Wichtig ist sowieso das anschließende Umsetzen. Was funktioniert, was nicht? Die Freude über eigene Erfolge ist übrigens immer größer als die aus Anweisungen. Eine interessante Beobachtung: Manche Klienten vergessen total, wie und woher ihre Idee zur Lösung gekommen ist. Wer hat's erfunden? Sie selbst! Und das ist völlig okay. Let's dance!

Besonderheit beim Coachen

Dieser Coaching-Impuls möchte Sie zu besonderer Achtsamkeit anregen. Erstes Ziel im Coaching ist es, dass der Coaching-Klient seine eigenen Lösungen findet. Begleiten Sie ihn durch Fragen, klären Sie Unklares, halten Sie Ergebnisse schriftlich fest, vereinbaren Sie Termine, bis wann der Klient aktiv wird. Diese Choreografie der Veränderung hilft enorm bei der Umsetzung.

14. Die Visionsreise

Anwendung: Klarheit über Wünsche bekommen
Situation: Beim Selbstcoaching und beim Coachen von anderen
Voraussetzung: Entspannung
Methode: Der Als-ob-Rahmen, ein Modell der Zukunft denken
Dauer: 15 bis 30 Minuten

Der amerikanische Professor C. R. Snyder von der University of Kansas hat vor Jahren eine Studie über »High Hoper« veröffentlicht. Das sind Menschen, die alle Kreativität und Kraft in Projekte investieren können, weil sie die Hoffnung haben, dass sie ihre Ziele auch erreichen werden. Eine entscheidende Fähigkeit dabei ist, so zu denken und zu handeln, als ob das Ziel bereits erreicht sei.

Nehmen wir an, Ihr Ziel ist es, in Zukunft stärker aufzutreten und souverän mit Menschen umzugehen. Dann können Sie eine Vision davon entwickeln, wie es sein wird, wie Sie sich dann fühlen werden, mit wem Sie es dann zu tun haben. Sie sehen sich also, wie Sie sein werden, wenn Sie das Ziel schon erreicht haben. Amerikaner nennen das »Fake it until you make it«. Oder wie ich es in einem Interview mit einem Spitzensportler mal gelesen habe. Er hat in etwa gesagt: »Ob ich gewinnen werde, entscheidet sich im Aufwärmraum. Entweder ich glaube daran oder nicht.«

Das ist das Charmante an diesem Coaching-Impuls der Visionsreise, die ich seit fast 20 Jahren erfolgreich mit Coaching-Klienten und Seminarteilnehmern anwende: Sie ermöglicht Ihnen, Bilder vor dem inneren Auge im Kopf entstehen zu lassen, die Ihnen gefallen und die Sie anregen, etwas dafür zu tun, sie auch zu erreichen. Der Impuls eignet sich zum Coachen genauso wie zum Selbstcoaching, das nur ein paar zusätzliche technische Voraussetzungen verlangt (dazu gleich mehr).

Keine Angst, dies ist keine Übung im Hellsehen. Durch die entspannte Situation entstehen lediglich Bilder in Ihrem Kopf, die Wünschen und Sehnsüchten entsprechen, die Sie bewusst oder unbewusst schon lange haben. Mithilfe der Visionsreise werden diese nur sichtbar.

Und so geht es im Coaching: Setzen Sie sich entspannt mit Ihrem Coachee zusammen, sorgen Sie dafür, dass Sie ungestört sind. Bitten Sie den anderen, sich bequem hinzusetzen und die Augen zu schließen. Sie lesen ihm jetzt im Abstand von ca. 45 bis 60 Sekunden die einzelnen Fragen vor. Der andere muss nicht antworten, sondern einfach die Bilder im Kopf wahrnehmen.

Hier der Wortlaut der Fragen, die Sie natürlich variieren können. Ich verändere die Fragen stets auf das Coachingziel des Klienten hin:

Sie sehen sich selbst, drei Jahre ab heute sind vergangen. Sie haben sehr viel erreicht in Ihrem Leben.

- Wo sehen Sie sich?
- Wie sind Sie gekleidet?
- Mit wem wohnen Sie zusammen?
- Mit wem arbeiten Sie zusammen?
- Was tun Sie beruflich?
- Wie fühlen Sie sich dabei?
- Wie reden Sie mit den anderen Menschen, die bei Ihnen sind?
- Wie reden diese Menschen mit Ihnen?
- Sie fällen Entscheidungen, sehr bestimmt. Was ist das für ein Gefühl?
- Sie schauen aus dem Fenster: Wohin blicken Sie?
- Sie verlassen Ihren Arbeitsraum. Was steht auf dem Türschild?
- Sie werden von jemandem abgeholt. Wer ist es?

- Sie bestimmen, wohin Sie gehen. Wohin gehen Sie?
- Sie haben etwas zu feiern. Was feiern Sie?
- Sie entspannen sich. Was tun Sie?

Nach der Visionsreise bekommt der Klient die Möglichkeit, erst einmal die Bilder, die er im Kopfkino gesehen hat, niederzuschreiben, ohne dabei zu reden. Als Hilfe können Sie ihm die Fragen noch einmal langsam vorlesen oder Sie geben ihm eine Liste mit den Fragen, zu denen er seine Gedanken dazuschreiben kann. Danach lassen Sie sich die Bilder schildern und fragen nach, was dies für den Klienten bedeutet. Was ist realisierbar? Was kann er/sie dafür tun?

Zur technischen Umsetzung dieser Übung im Selbstcoaching: Sie können die Fragen vorher sehr langsam mit längeren Pausen auf eine Kassette sprechen und sie abspielen, während Sie sich konzentrieren. Oder Sie bitten eine Person Ihres Vertrauens, Ihnen die Fragen langsam vorzulesen. Schreiben Sie nach der Visionsreise auf, was Sie gesehen und gefühlt haben. Welche Assoziationen haben Sie zu den Bildern? Wozu regen sie Sie an? Was können Sie tun, um diese Bilder Wirklichkeit werden zu lassen?

Besonderheit beim Coachen

Machen Sie Ihren Coaching-Klienten klar, dass es bei dieser Übung nicht um Hokuspokus geht, sondern um eine Entspannungsmethode, um auf Ideen zu kommen. Manche Menschen wollen nicht »in die Zukunft schauen« – tun sie auch nicht, nur in die eigene Vorstellung. Bei manchen Menschen herrscht während der Visionsreise »grauer Nebel«, der alle Bilder verwischt oder verhindert. Sprich, sie sehen gar nichts. Dann ist das so. Dann gibt es keine klaren Vorstellungen und noch kein Bild der Zukunft.

Besonderheit beim Selbstcoachen
Die Kunst ist hier, die Interpretation der hochgekommenen Bilder allein hinzubekommen. Machen Sie sich keinen Stress, dass Sie einen spannenden Hollywood-Streifen im Hirn abspielen müssen. Die Bilder, die kommen, sind die richtigen. Und können Ihnen vielleicht einen hilfreichen Hinweis geben. Meine Erfahrung mit der Visionsreise: Während ich die Fragen vorlese, bin ich oft so entspannt, dass ich parallel auch Bilder vor mir habe. Also vielleicht wiederholen Sie die Übung in einiger Zeit noch mal und sehen, was passiert.

15. Das Puzzle-Leben

Anwendung: Vielfalt entdecken
Situation: Zum Selbstcoachen und beim Coachen von anderen
Voraussetzung: Mut zum Außergewöhnlichen
Methode: Vom Entweder-oder zum Sowohl-als-auch
Dauer: Mindestens 30 Minuten

Es gibt Menschen, die finden früh den einen richtigen Beruf für sich und sind zufrieden damit. Sie üben ihn ihr Leben lang aus, sind mehr oder weniger erfolgreich und kämen nie auf die Idee, dass sie etwas anderes machen könnten. Herzlichen Glückwunsch.

Und es gibt Menschen, für die ist dieser Coaching-Impuls kreiert. Denn sie können zu viel für einen Beruf. Und sie würden gerne viele unterschiedliche Dinge tun, weil sie viele unterschiedliche Dinge können. Aber meistens werden sie von Menschen aus ihrer Umgebung gewarnt: »Sei doch froh, dass du so einen guten Job hast. Den wirst du doch wohl nicht aufgeben wollen?« Oder: »Du musst dich für eine Sache entscheiden.«

Ich habe da eine ketzerische Einstellung. Ich sage: »Nein, das müssen Sie nicht!« Es gibt eine Alternative. Und die nenne ich das »Puzzle-Leben«. Um ehrlich zu sein, es ist das Leben, das ich führe: Ich tue viele unterschiedliche Dinge, weil es mir Spaß macht, unterschiedliche Dinge zu tun.

Ich halte Vorträge und mache Coachings, ich führe Seminare und gebe ein Coaching-Magazin heraus, ich trainiere Redner und moderiere Veranstaltungen, ich bin Mentorin für KollegInnen und schreibe Bücher, ich schreibe zwei regelmäßige Kolumnen für Printmedien und habe eine eigene Fernsehsendung, ich bin Dozentin an der Dualen Hochschule Baden-Württemberg und bin in einer Jury für Toparbeitgeber, ich bin im Beirat der WoMenPower-Veranstaltung auf der Hannover Messe und ... Und ich finde es fantastisch! Die 13, 14 oder 15 Puzzleteile meines Berufslebens ergeben die bunte Vielfalt, die mich glücklich macht. Mich könnten Sie unglücklich machen, wenn ich mich auf eine Sache konzentrieren müsste.

Und ich lerne im Coaching immer mehr Menschen kennen, denen es ähnlich geht. Sie haben eine gute Berufsausbildung, haben einige Jahre Erfahrung und fragen sich spätestens mit 35 oder 40, ob das alles in ihrem Leben gewesen sein soll. Sie haben eine Sehnsucht nach Vielfalt, nach Abwechslung, nach Herausforderungen.

Falls Sie mit solchen Menschen relativ schnell auf Ideen für ein bunteres, reicheres Leben kommen wollen, kann Ihnen dieser Coaching-Impuls des Puzzle-Lebens helfen.

Zeichnen Sie ein Puzzle mit etwa sechs bis neun Teilen (siehe Vorlage auf der nächsten Seite) auf ein DIN-A4-Blatt. Und fragen Sie dann Ihr Gegenüber, was er oder sie alles kann. Oder was sie/er gern tun würde. Schreiben Sie jede Antwort auf ein Puzzlestück. Wenn die vorbereitete Zahl nicht reicht, zeichnen Sie weitere dazu.

Aufblühen mit dem Puzzle-Leben

Hier ein Beispiel für eine solche Sammlung:

Verena M., 39, hat 21 Jahre Vollzeit als Sachbearbeiterin in einer großen Versicherung gearbeitet. Sie langweilt sich in ihrer Arbeit. Sie kommt ins Coaching, weil sie Ideen für die nächsten 25 Berufsjahre sucht. »Da muss was passieren!«

Wir sammeln auf den Puzzleteilen alles, was sie kann:

- Sie ist eine sehr gute Sachbearbeiterin.
- Sie hat eine Ausbildung zur Yogalehrerin gemacht und könnte Yogakurse geben.
- Sie würde gern mit Kindern zu tun haben.
- Sie könnte in ihrem Fachgebiet mittelständische Unternehmen beraten.
- Sie könnte Kurse in ihrem Fachgebiet geben.
- Sie hat eine Freundin, die einen Geschenkeladen hat. Dort würde sie gern ab und zu arbeiten, einen Fulltime-Job kann die Freundin nicht finanzieren.
- Sie hat schon mal überlegt, ein kleines Tagescafé zu eröffnen.

Aus diesen Zutaten komponiert Verena jetzt ihr Wunsch-Puzzle-Leben:

- Drei Tage in der Woche würde sie gern weiter ihre Arbeit machen. Sie mag die Kolleginnen, schätzt die Sicherheit und findet es prima, über den Job versichert zu sein.
- Einen Tag oder Abend in der Woche würde sie gern Yogakurse geben, vor allem für Kinder.
- Einen Tag in der Woche würde sie gern bei ihrer Freundin im Laden arbeiten, das würde gehen.
- Und das alles würde ihr noch Zeit lassen, über weitere Möglichkeiten nachzudenken.

Sie schaut sich das Ergebnis-Puzzle an und nickt strahlend: »Ja, das würde mir gefallen.« Jetzt geht es um die Frage: Wie kann sie es in der Wirklichkeit zusammensetzen? Eine Teilzeitarbeit in ihrer Firma ist möglich, das hat sie schon ausgekundschaftet. Ihre Freundin würde sich freuen, wenn sie einen Tag lang das Team unterstützt. Und die Yogakurse? »Mein Yogalehrer hat mich sowieso schon gefragt, ob ich nicht in seiner Schule unterrichten möchte.«

Wenn alles so sonnenklar ist, warum hat Verena es bisher nicht gemacht? »Alle haben mir immer gesagt, ich würde spinnen. Ich dürfe doch nicht meinen krisensicheren Job aufgeben. Aber ich sterbe vor Langeweile!« Und was ist mit dem Risiko? Wir reden über die Vorteile und Nachteile, machen eine Plus-Minus-Liste mit allen erdenklichen Punkten. Doch Verena hat Feuer gefangen für das Puzzle-Leben. Und plant schon die Umsetzung ihres zukünftigen Berufe-Mix.

Besonderheit beim Coachen

Dieser Coaching-Impuls eignet sich auch sehr gut für Menschen, die sich eigentlich gern selbstständig machen würden, aber das Risiko scheuen. Durch eine gute »Einschleichstrategie« lässt sich das Risiko minimieren, nach dem Motto: »Das eine tun und das andere nicht lassen«. Voraussetzung dafür ist der Abschied vom sehr tief im Hirn sitzenden »Entweder-oder-Denken« - und hin zum alternativen »Sowohl-als-auch«, beim Coach wie beim Coachee.

Besonderheit beim Selbstcoachen

Wenn Sie Ihr Möglichkeiten-Puzzle ausfüllen, sammeln Sie erst einmal die Möglichkeiten, ohne zu werten. Dann erst schauen Sie, ob die Puzzlestücke sinnvoll ineinandergreifen. Und ob das Gesamtbild so ist, wie Sie sich Ihr zukünftiges Leben vorstellen. Schauen Sie sich Chancen- und Risikofaktoren an, sprechen Sie noch mal mit einem Menschen darüber, dem Sie ein gutes Bewertungsgeschick zutrauen. Das ist wahrscheinlich eher niemand aus der Familie oder dem nahen Freundeskreis. Sondern jemand mit etwas Abstand, der Ihnen noch wichtige Aspekte vor Augen führen kann.

16. Der Schwarmintelligenz-Kick

Anwendung: Zukunftspläne schmieden
Situation: Zum Selbstcoachen und beim Coachen von anderen
Voraussetzung: Wohlmeinende Freunde und/oder Familie
Methode: Dieser Impuls nutzt die Intelligenz verschiedener Menschen.
Dauer: 60 Minuten Minimum

Schwarmintelligenz – was ist das denn? Und was hat sie mit Coaching zu tun? Viele Fische sind klüger als einer. Viele Ameisen wissen mehr als eine. Eine Affenhorde ist klüger als ein Einzelgänger. Und viele Menschen sind auch klüger als einer allein. Jedenfalls ist das die Annahme von Wissenschaftlern. Schon der griechische Philosoph Aristoteles schrieb in seinem Buch III zur *Politik* über die Intelligenz von vielen Menschen zusammen:

»Denn es sind viele, und jeder hat einen Teil an Tugend und Einsicht. Wie sie zusammenkommen, so wird die Menge wie ein einziger Mensch, der viele Füße, Hände und Wahrnehmungsorgane hat und ebenso, was den Charakter und den Intellekt betrifft.«

Gerade im Selbstcoaching können Sie sich diese Überlegungen zunutze machen. Sie überlegen vielleicht,

- ob Sie sich selbstständig machen sollen;
- womit Sie sich nach Ihrem Eintritt ins Rentenleben beschäftigen sollen;
- wie Sie die Kinderbetreuung organisieren, wenn Sie wieder in den Beruf einsteigen;
- wie Sie es schaffen, Ihren Notenschnitt bis zum Abitur in zwei Jahren zu verbessern;
- wie Sie das Verhältnis zu Ihrem Chef/Ihrer Chefin verbessern können;
- was Sie mit Ihrer dementen Mutter machen können;
- ob Sie Ihren 50. Geburtstag groß feiern wollen und ob das nicht zu viel für Sie wird.

Sie kennen die Mühen solcher Überlegungen. Allein darüber nachzudenken, ist oft richtig ätzend. Die Gedanken drehen sich im Kreis. Oder man hat totale Hirnleere. Und etwas Gescheites fällt uns dabei auch nicht ein. Deshalb: Nutzen Sie die Schwarmintelligenz! Sie wird Ihnen einen Kick geben, der das Hirn freipustet und die Türen zu neuen Lösungen öffnet.

Laden Sie sich dazu Menschen, deren Meinung Sie schätzen, möglichst aus unterschiedlichen Bereichen, zu einer

Schwarmintelligenz-Session ein. Die Einladung könnte so lauten:

»Liebe Freunde, liebe Familie, ich brauche Eure Intelligenz, um auf eine tragfähige Lösung zu kommen. Ich lade Euch deshalb am Sonntagnachmittag um 15 Uhr zu einer Schwarmintelligenz-Konferenz ein. Kreativität fördernde Getränke und Speisen werden gereicht. Damit Ihr Euer Hirn schon einmal auf Ideenfindung schicken könnt: Es geht um die Frage, was ich Sinnvolles tun kann, wenn ich in drei Monaten in Rente gehe. Ich möchte mich engagieren, etwas auf die Beine stellen, etwas mit anderen Menschen unternehmen. Und dabei brauche ich Eure Intelligenz.«

Machen die anderen da mit? Meine Erfahrung: Ja. Menschen freuen sich, wenn sie um Hilfe gebeten werden. Sie fühlen sich geschätzt, wenn man ihre Ideen hören möchte. Und: Für andere fallen ihnen immer leichter Lösungen ein als für sich selbst.

Überlegen Sie also als Erstes: Wofür brauche ich die Ideen der Menschen, die mich gut kennen? Und wem traue ich zu, dass er oder sie mich weiterbringen könnte? Laden Sie am besten zwischen drei und sieben Personen ein. Weniger ist für den Schwarm zu wenig, mehr wird zu unübersichtlich und ausufernd.

Jetzt sitzen also alle um Ihren Kaffeetisch (oder bei einem Glas Wein oder Wasser) zusammen. Legen Sie einen großen Bogen Papier neben oder vor sich und einen Stift. Und dann:

1. Stellen Sie Ihre Frage ausführlich vor. Wofür brauchen Sie eine Lösung? Und welche Gedanken sind Ihnen selber schon gekommen?
2. Bitten Sie jetzt jede/n Einzelne/n, ihre/seine Gedanken dazu zu äußern. Notieren Sie die einzelnen Ideen.
3. Ganz wichtig in diesem Stadium: nicht ablehnen, nicht bewerten, nicht rechtfertigen ... einfach aufschreiben.

4. Fragen Sie nach, wenn Sie etwas interessant finden, die Idee für einen ungewöhnlichen Ansatz halten, Sie verwirrt sind oder etwas nicht verstehen. »Locken« Sie durch Nachfragen die Anregungen aus Ihren Gästen heraus.
5. Lassen Sie die einzelnen Ideen diskutieren, wenn Sie mögen, so bekommen Sie noch mehr Pros und Kontras.
6. Fragen Sie auch, wer Ihnen bei der Umsetzung dieser interessanten Ideen helfen könnte: Wer hätte Spaß daran, wer kennt jemanden, wer weiß, wie ...?
7. Abschließend bedanken Sie sich für den Input. Erläutern Sie, was Ihnen der Gedankenaustausch gebracht hat und wie Sie glauben, jetzt weitermachen zu können. Sie müssen sich jetzt nicht sofort entscheiden, was Sie tun oder umsetzen werden. Lassen Sie die Ideen erst einmal sacken.

Besonderheit beim Coachen

Ich empfehle Coaching-Klienten öfter, sich solche Kreativrunden zusammenzustellen. Denn vertraute Menschen sehen oft etwas in ihnen, auf dass sie selber gar nicht kommen würden. Oder der Klient erkennt, was er von den Vorschlägen auf keinen Fall will. Und im Spiegel der anderen Ideen wird der eigene Weg vielleicht hell ausgeleuchtet.

Besonderheit beim Selbstcoachen

Nutzen Sie die Schwarmintelligenz von Menschen, die Ihnen wohlwollend gegenüberstehen. Aktivieren Sie dazu Freunde und Bekannte, vielleicht auch frühere Kollegen, die Sie von einer ganz anderen Seite kennen. Die Vielfalt der Köpfe und der Beobachtungen bringen den weitesten Rahmen von Ideen.

17. Die Stärkenanalyse

Anwendung: Ressourcenorientiertes Coaching
Situation: Zum Selbstcoachen und beim Coachen von anderen
Voraussetzung: Transferfähigkeiten
Methode: Dieser Impuls nutzt die Stärkenanalyse nach Seligman/Brockert.
Dauer: 30 bis 60 Minuten

Wenn ein Mensch nicht weiß, wie er etwas erreichen oder verändern soll, lenkt er den Fokus oft auf seine Schwächen und haut sie sich verbal um die Ohren: »Ich bin halt zu blöd zum ...«, »Ich kann einfach nicht ...« oder: »Immer mache ich alles falsch!«.

Aber Schwächenanalysen – wie man die meisten psychologischen Diagnosen bezeichnen kann – reichen hier nicht. Im Gegenteil, oft reißen sie den Menschen noch tiefer in die Selbstbeschimpfung. Wesentlich hilfreicher kann im Coaching oder beim Selbstcoachen die »Starkstellen-Analyse« sein, wie Diplom-Psychologe Siegfried Brockert diesen Coaching-Impuls nennt, also das Erkennen der Wachstums- und Selbstheilungskräfte eines Menschen.

Leider haben viele Menschen oft den kritisch-diagnostischen Blick. Beim Lebenspartner, bei unseren Kindern, bei Verwandten, Nachbarn und Kollegen und bei uns selbst erkennen wir die Schwachstellen spontan. Nötig und heilsamer aber ist zumeist die Stärkenanalyse. Denn wer etwas im eigenen Leben oder bei anderen Menschen ändern will, muss die Stärken erkennen, denn Veränderung zum Besseren baut nur auf Stärken auf – den inneren Wachstums- und Selbstheilungskräften.

Man sagt: »Selbsterkenntnis ist der erste Weg zur Besserung.« Besserung aber gelingt meist nicht, wenn man die Fehler – die eigenen oder die von anderen Menschen – bekämpft. Gutes, neues Verhalten lässt sich am ehesten auf den Stärken aufbauen. Ich werde Ihnen das gleich an einem Beispiel erläutern.

Doch hier erst die Liste menschlicher Stärken, die Ihnen bei einer Analyse helfen können. Sie können sich als Coach damit ein differenzierteres Bild von den Stärken des Menschen Ihnen gegenüber verschaffen. Oder im Selbstcoaching von sich selbst.

Gehen Sie die folgenden 45 Aussagen durch und kreuzen Sie die wichtigsten zehn Punkte für sich an. Der Mensch, um den es geht,

- □ ist freundlich
- □ großzügig
- □ gerecht
- □ tolerant
- □ hat Humor
- □ nimmt das Leben eher spielerisch/mit etwas mehr Leichtigkeit
- □ übernimmt Verantwortung für Wohnung, Haus, Straße und den Ort, in dem sie oder er lebt
- □ übernimmt Verantwortung für die Natur, die Tiere und Pflanzen
- □ übernimmt Verantwortung für andere Menschen
- □ ist ein guter Nachbar und Bürger
- □ übernimmt Verantwortung für sich selbst
- □ zeigt Fürsorge und Pflege
- □ arbeitet dort, wo man sich die Menschen nicht aussuchen kann (Nachbarschaft, Schule, Arbeitsplatz), nicht gegen, sondern mit den Menschen
- □ erfüllt ihre oder seine Pflichten
- □ ist anderen Menschen gegenüber loyal
- □ geht (als Lehrer, Eltern, Vorgesetzter) fürsorglich und pfleglich mit den anvertrauten Menschen um

- □ geht fürsorglich und pfleglich mit Partner, Kindern, Verwandten und Freunden um
- □ hat die Fähigkeit, Liebe zu geben
- □ hat die Fähigkeit, Liebe anzunehmen
- □ nimmt keine kleinen Vorteile für sich mit
- □ probiert nicht, womit man durchkommt (»Nur nicht erwischen lassen«)
- □ übt Mäßigung und Selbstkontrolle beim Verfolgen persönlicher Ziele
- □ sucht Ausgleich der Interessen und die Integration persönlicher Ziele und Lebensstile
- □ lebt aufrichtig
- □ zeigt Lebensweisheit
- □ geht auf andere Menschen zu
- □ ist persönlich integer
- □ hat Fleiß und Durchhaltevermögen
- □ hat Neugier auf andere Menschen und deren Art zu leben
- □ besitzt Rationalität und Urteilskraft
- □ besitzt Originalität
- □ besitzt Offenheit und geistige Redlichkeit
- □ besitzt praktische, emotionale und soziale Intelligenz
- □ hat Interesse am Leben
- □ hat Sinn für das Schöne, das Herausragende
- □ lebt in Respekt vor den Menschen, aber auch vor der Schöpfung
- □ kann erstaunt sein, statt immer schon alles zu wissen
- □ hat Liebe zum Lernen
- □ hat Liebe zum Wissen
- □ lebt zukunftsbezogen (nicht vergangenheitsbezogen)
- □ zeigt Dankbarkeit
- □ lebt mit Hoffnung und Optimismus
- □ erzeugt wenig Chaos im eigenen Leben – und im Leben anderer Menschen
- □ besitzt Lebensfreude

□ spürt Liebe zum Leben - gleich, was das Leben von ihr oder von ihm verlangt

Jetzt haben Sie zehn angekreuzte Stärken. Reduzieren Sie diese Sammlung noch einmal auf die drei bis fünf Stärken, die Sie am besten beschreiben. Das kann ein bisschen dauern, aber es lohnt sich, in sich hineinzuhorchen. (Vielleicht holen Sie sich sogar ein Meinungsbild von Menschen ein, die Sie gut kennen und mögen.)

Was machen Sie mit diesem Ergebnis? Lassen Sie mich das an einem Beispiel erläutern:

Maximilian K., 24, studiert Geschichte an einer süddeutschen Universität und bereitet sich auf das Schreiben seiner Bachelorarbeit vor. Auf einer Rekrutierungsmesse, auf der ich einen Vortrag gehalten habe, kommen wir ins Gespräch. Er schüttet mir sein Herz aus und erzählt, dass er langfristig gerne als wissenschaftlicher Assistent an der Uni bleiben würde, ihm sein Professor aber schon signalisiert habe, dass seine Leistungen dafür wohl nicht ausreichen würden. Seine Frage: »Was kann ich tun, um meinen Professor vom Gegenteil zu überzeugen? Ich habe noch keine Idee für meine Abschlussarbeit.«

Puh, das kann ich ihm auf die Schnelle auch nicht beantworten. Wir verabreden uns am nächsten Tag in meinem Büro. Ich lasse ihn die oben abgedruckte Liste ankreuzen. Als die fünf ausgeprägtesten Stärken definiert er für sich:

- Er nimmt das Leben eher spielerisch.
- Er hat Neugier auf andere Menschen und deren Art zu leben.
- Er besitzt Originalität.
- Er kann erstaunt sein, statt immer schon alles zu wissen.
- Er hat Liebe zum Wissen.

Wir überlegen jetzt gemeinsam, wie er in seiner Abschlussarbeit diese Fähigkeiten einsetzen und damit seinen Professor noch überzeugen kann. Ich habe keine fachliche Ahnung von seinem Thema, das sich mit dem Mittelalter befasst. Ich versuche deshalb, ihn durch Fragen selbst auf eine mögliche Lösung zu bringen: »Wie kann Ihnen Ihre Stärke, das Leben spielerisch zu nehmen, helfen, um auf eine außergewöhnliche Idee zu kommen?«

»Hm«, Maximilian K. überlegt lange. »Ich könnte ja vielleicht im Rahmen der Arbeit ein Spiel entwickeln.«

»Was für ein Spiel?«

»Vielleicht eins für Schulkinder, damit sie das Mittelalter besser verstehen.«

»Eine Ihrer Stärken ist ja Originalität. Kann die Ihnen auch helfen, so ein Spiel zu entwickeln?«

»Ja, das kann ich mir schon vorstellen. Jetzt fällt mir ein, ich arbeite ja ehrenamtlich ab und zu für eine Jugendgruppe. Vielleicht könnte ich das mit den Kindern gemeinsam machen.«

Ich sehe, wie es in Maximilians Hirn arbeitet. Seine funkelnden Augen zeigen, dass die Ideen nur so aufblitzen. Er nickt mehrmals, nimmt sich ein Blatt Papier und beginnt etwas aufzuzeichnen.

Ich muss lächeln, ja, das passt zu diesem sympathischen jungen Mann.

Maximilian hat in seine Abschlussarbeit ein Spiel integriert und eine sehr gute Note dafür erhalten. Er hat danach zwei Jahre lang als Assistent seines Professors an der Uni gearbeitet, bis er vor Kurzem in einen pädagogischen Fachverlag gewechselt ist und dort jetzt Geschichtsbücher für Schüler betreut.

Jeder Mensch hat Stärken, die ihm helfen können, anstehende Probleme zu lösen oder Antworten auf wichtige Fragen zu finden. Manchmal ist es der Humor, der weiterhilft, manchmal die Integrität, manchmal ist es das Durchhaltevermögen und manchmal die Liebe zum Lernen. Wenn man Menschen hilft, sich die eigenen Stärken bewusst zu machen, festigt man ein Überzeugungsfundament: Ich kann mir selbst helfen.

Besonderheit beim Coachen
Diese Übung braucht ein bisschen mehr Zeit. Die Liste ist schon sehr arbeitsintensiv. Es ist klug, die Coaching-Klienten, bei denen Sie diesen Impuls einsetzen möchten, zu bitten, schon vor dem Coaching eine Auswahl zu treffen. Das Feintuning kann dann zusammen geschehen. Im Coaching dient der Coach als eine Art Dolmetscher, der hilft, die Aussagen in ihre Umsetzungskraft und Hebel für Veränderungen zu übersetzen.

Besonderheit beim Selbstcoachen
Wenn es Ihnen schwerfällt, aus der Liste der 45 Stärken die zehn für Sie passenden und dann auch noch die fünf wichtigsten herauszusuchen, fragen Sie doch einen Menschen, der Sie kennt und mag, Ihnen dabei zu helfen. Kommen Sie nicht gleich auf Ideen zur Umsetzung, ist es hilfreich, sich die Liste der fünf Stärken irgendwo hinzuhängen, wo Sie sie regelmäßig - möglichst in einem entspannten Zustand - sehen können. An den Badezimmerschrank oder die Duschabtrennung, an den Küchenschrank oder neben das Bett. Dann ist die Chance groß, dass Ihr Hirn bald eine Botschaft schickt: Hey, das könnte es sein!

18. Die Lebenswunsch-Liste

Anwendung: Der Lebensfreude-Turbo
Situation: Zum Selbstcoachen und beim Coachen von anderen
Voraussetzung: Der Wunsch nach Veränderungen im Leben
Methode: Dieser Impuls nutzt die Erkenntnisse der Plus-Minus-Liste.
Dauer: 10 bis 20 Minuten

Klassische Situation in Gesprächen: Menschen klagen darüber, dass sie zu wenig Freude im Leben haben. Oder zu wenig Zeit. Oder zu viel Stress. Mit dem Coaching-Impuls der Lebenswunsch-Liste lassen sich Menschen innerhalb von wenigen Minuten aus dem »Eigentlichland« herausführen und in die Stadt »Tun« geleiten.

Kennen Sie das Eigentlichland? Darin sagen die Einwohner ständig »Eigentlich würde ich ja gern ...« oder »Eigentlich sollte ich ja ...« Aber sie tun es nicht, weil nach jedem »Eigentlich« ein »Aber« folgt, also ein Grund, warum es leider nicht geht. Mithilfe dieses kleinen, feinen Coaching-Tools können Sie Menschen helfen, das gemütliche, aber langweilige Eigentlichland zu verlassen. Oder Sie nutzen diese kleine Übung für sich selbst, wenn Sie dieses Ortes überdrüssig geworden sind und nach einem Weg hinaus suchen – in Richtung der schönen Stadt »Tun«. Dort machen die Menschen, was sie möchten. Sie haben sich aus dem »Eigentlich« befreit und entscheiden sich: »Ja, ich tu's« oder »Nein, ich tu's nicht«.

Sie brauchen dafür nur ein Blatt Papier und einen Stift. Teilen Sie das Blatt in zwei Hälften auf. Schreiben Sie über die eine Hälfte »Wovon will ich mehr im Leben?« und über die andere »Wovon möchte ich weniger im Leben?«. Und jetzt notieren Sie unter diesen Fragen alles, was Ihnen dazu einfällt.

Danach schauen Sie sich die Punkte auf Ihrer Liste genau an und kreuzen Sie an, wofür Sie selbst etwas tun könnten.

Ein Beispiel aus meiner Coaching-Praxis: Lisa F., 44, ist als einzige Frau Mitglied des Vorstands eines mittelständischen Unternehmens, sie fühlt sich gestresst und ausgelaugt. Sie schreibt unter die erste Überschrift »Wovon will ich mehr im Leben?«:

- mehr Zeit für meine Familie
- meine Freundin treffen
- Sport machen
- Sauna
- Tanzen gehen

Unter der Überschrift »Wovon möchte ich weniger im Leben?« macht Lisa F. einfach einen Strich.

Ich bitte sie, auf der ersten Liste anzukreuzen, wofür sie selbst etwas tun könnte. Sie grinst und macht neben jeden Wunsch ein Kreuz. »Ja, ich weiß schon, Sie haben ja recht.«

»Warum haben Sie es bis jetzt nicht gemacht?«

»Keine Zeit.«

»Was muss sich ändern, damit Sie mehr Zeit für Ihre Familie, Ihre Freunde und Ihre Hobbys bekommen?«

Sie schnauft. »So einfach ist das nicht.«

»Glaube ich gern. Was fällt Ihnen ein, wenn Sie darüber nachdenken?«

Lisa F. zögerlich: »Ich müsste früher nach Hause gehen. Im Augenblick komme ich nicht vor 20 Uhr aus dem Büro.«

»Ginge das, früher zu gehen?«

»Na ja, ab und zu schon.«

»Wann wäre das? Und was würde in Ihrem Unternehmen passieren, wenn Sie zweimal in der Woche früher heimgehen würden.«

»Na ja, schön wäre es, wenn ich um 18 Uhr gehen könnte. Passieren würde gar nichts, ich müsste halt die Arbeit an den anderen Tagen erledigen.«

»Schaffen es Vorstandskollegen von Ihnen, um diese Zeit zu gehen?«

»Ja, die meisten gehen um sechs.«

»Warum Sie nicht?«

Lisa F. lacht. »Vielleicht nehme ich alles zu genau?«

»Können Sie das ändern?«

»Ich könnte vielleicht mehr an meine Mitarbeiter delegieren.«

»Wollen Sie das ausprobieren?«

»Ja.«

»Können Sie sich eine Liste machen, was Sie an welchen Mitarbeiter delegieren können?«

»Ja, das kann ich sehr schnell machen.«

»Okay. An welchen Wochentagen können Sie am besten um 18 Uhr gehen?«

»Mittwoch und Freitag.«

»Wann werden Sie das zum ersten Mal ausprobieren?«

»Jetzt am Freitag. Nein, das geht nicht, da bin ich auf Geschäftsreise. Also Freitag nächster Woche.«

»Wofür werden Sie die beiden freien Stunden nutzen?«

»Ich werde mit meiner Freundin in die Sauna gehen, mein Mann mag das sowieso nicht so gern.«

Damit war diese Coaching-Stunde beendet. Wir einigten uns, dass Lisa F. erst einmal ausprobiert, dieses Ziel zu erreichen und dann bei Bedarf noch einmal einen Termin macht, zum Beispiel, wenn sie die Umsetzung nicht hinbekommt.

Als ich noch als Journalistin gearbeitet habe, hatte ich mal eine sehr witzige Kollegin, Renate aus Minden. Die sagte immer, wenn sie vor einer schwierigen Aufgabe saß: »Eigentlich ist es ja nur ein Beigehen!« Ja, so ist es. Es geht oft wirklich nur darum, sich daranzumachen. Es sind nicht die Riesenbarrieren, die uns davon abhalten. Manchmal kommen wir vor lauter Arbeit nicht auf die Idee, manchmal wissen wir nicht, wie. Und manchmal brauchen wir von jemandem quasi die Erlaubnis, es zu tun. In meinem Fall den Asgodom-Stempel »Just do it«.

Wenn Sie selbst auf Ihre Liste gucken: Wo steht ein Kreuzchen davor? Warum haben Sie selbst noch nicht dafür gesorgt? Was muss sich ändern, damit Sie es tun können? Wie können Sie mit kleinen, schnellen Entscheidungen Ihre Lebensfreude erhöhen?

Besonderheit beim Coachen
Gerade bei dieser Übung zeigt es sich, dass die meisten Coaching-Klienten die Lösung schon mitbringen. »Eigentlich« wissen sie ganz gut, was sie ändern wollten und wie es ginge. Aber sie trauen sich nicht oder sie brauchen die Meinung eines Außenstehenden dazu. Als Coach helfen Sie, das Türchen, das die Lösung verbirgt, zu öffnen. Und Sie helfen, eine Strategie für die Umsetzung zu entwickeln.

Besonderheit beim Selbstcoachen
Hüten Sie sich vor dem Gedanken »Na, so einfach kann es ja nicht sein«. Doch, manchmal ist es wirklich so einfach. Wichtig ist immer hinzuschauen: Warum mache ich es nicht, wenn ich es doch gerne würde? Was hindert mich? Mein eigenes Kopfkino mit dem Film »Das macht man nicht« oder was sonst? Die Angst vor Veränderungen wird übrigens kleiner, wenn Sie einmal etwas ausprobieren. Also nicht beschließen: »Ab sofort werde ich immer früher heimgehen«, sondern: »Ich probiere es jetzt einmal aus«. Und wenn es gut und problemlos läuft, können Sie die Taktrate erhöhen.

19. Die aktive Gedankenhygiene

Anwendung: Als Verdruss-Staubsauger
Situation: Zum Selbstcoachen und beim Coachen von anderen
Voraussetzung: Selbstregulierung von Stimmungen
Methode: Dieser Impuls nutzt die Erkenntnisse der Gedankenhygiene.
Dauer: 5 bis 15 Minuten

In Seminaren erlebt man das immer wieder: Manchmal sind die TeilnehmerInnen ihrer Lebenssituation überdrüssig. Jeden Tag zur Arbeit, Tag für Tag dieselben Gesichter, dieselben Aufgaben, abends derselbe Stress zu Hause. Sie sehen nur noch das Negative, fühlen sich kraftlos und gefangen im »Tal der Langeweile«. Sie sind in die Verdrussfalle geraten. Sie reden von Vorgesetzten als »Alles Idioten« und von sich als die »Trottel, die alles machen müssen«. Sie schimpfen über ihre Partner (»So hatte ich mir das nicht vorgestellt«) und ihre Kinder (»Nicht zum Aushalten«). So wie ein Frühjahrsputz eine vermiefte Wohnung frisch machen kann, kann dieser Coaching-Impuls helfen, frischen Wind in die Verdrussfalle zu bringen. Deshalb der Begriff »Gedankenhygiene«.

Mit diesem Coaching-Impuls können Sie Menschen relativ schnell helfen, entweder den Fokus von »Alles ist schlecht« wieder auf »Na ja, manches ist auch gut« zu verstellen. Oder Sie helfen ihnen zu erkennen, dass sie tatsächlich aus dem Jammertal herausmüssen und handeln sollten. Das gilt genauso fürs Selbstcoachen. Wenn Sie frischen Wind in Ihrer Seele brauchen, versuchen Sie Ihren Fokus im Berufs- und Privatleben wieder von »grau« auf »bunt« zu stellen.

Hilfreich dabei ist diese kleine Liste von Fragen, die Sie am besten schriftlich beantworten:

- Auf wen freuen Sie sich in der Firma?
- Auf welche Arbeiten freuen Sie sich?
- Auf welche Kunden freuen Sie sich?
- Was schätzen Sie an Ihren Kollegen?
- Was schätzen Sie an Ihren Vorgesetzten?
- Wofür lohnt es sich, morgen früh wieder hinzugehen?
- Wie wird es sein, wenn Sie mögliche aktuelle Schwierigkeiten überwunden haben?
- Was mögen Sie an Ihrem Partner/Ihrer Partnerin?
- Warum möchten Sie morgens neben ihm/ihr aufwachen?
- Was macht Spaß am Leben mit Ihrem Kind/Ihren Kindern?
- Welche gemeinsamen Aktivitäten machen Ihnen Spaß?
- Womit können Sie sich selbst häufiger eine Freude machen?

Das Aufschreiben der Dinge, die gefallen, kann Menschen dazu bringen, aus dem einseitigen »Tal der Langeweile« wieder herauszukommen. Nach meiner Erfahrung schaffen es so 80 Prozent der Frustrierten, wieder mehr Spaß zu haben. Etwa 20 Prozent merken, dass sie tatsächlich aktiv werden müssen: »Daran finde ich überhaupt nichts Positives mehr, ich möchte das verändern.« Auch ein gutes Ergebnis.

Besonderheit beim Coachen

Nicht immer ist es dramatisch, wenn Menschen über ihr Leben schimpfen. Mit dieser Übung helfen Sie anderen zu erkennen, wie ernst es wirklich ist. Und sehr oft hilft dieser Coaching-Impuls, den Blick wieder objektiver über das Leben schweifen zu lassen. Sich zu erinnern, was jemanden einst dazu gebracht hat, sich für diese Stelle oder für diese Lebensweise zu entscheiden.

Besonderheit beim Selbstcoachen
Geben Sie sich bitte wirklich Mühe, etwas Positives über Arbeit, Kollegen und Vorgesetzte, aber auch für Ihre private Situation zu finden. Manchmal lösen sich allein dadurch schon Ärger-Knoten und Frust-Knäuel. Weil Sie dadurch wieder objektiver auf die Situation blicken und manche Dinge relativieren können. Wenn Sie überhaupt nichts Positives finden können, sollten Sie überlegen, was Sie ändern wollen und können.

20. Der Perspektivwechsel

Anwendung: Vom Klagen ins Handeln kommen
Situation: Zum Selbstcoachen und beim Coachen von anderen
Voraussetzung: Sich in andere hineinversetzen können
Methode: Dieser Impuls setzt auf die Wahrnehmungsfähigkeit.
Dauer: 15 bis 30 Minuten

Wir alle kennen Aussagen von Menschen in unserer Umgebung wie:

»Mein Kollege ist ein Widerling!«

»Meine Schwiegermutter mischt sich ständig ein!«

»Warum tut mein Mitarbeiter nicht, was ich ihm sage?«

»Die Nachbarn machen Stress!«

»Meine 14-jährige Tochter ist in den Noten völlig eingebrochen. Was ist nur los mit ihr?«

»Ich werde gemobbt!«

»Will mein Mann mich nicht verstehen oder was soll das?«

»Meine Freundin kommt zu jeder Verabredung zu spät. Das gibt's doch nicht!«

»Mein Chef gibt mir immer mehr Arbeit, ich kann bald nicht mehr.«

»Meine Freunde nutzen mich voll aus.«

»Wenn ich sie besuche, stänkern meine Eltern nur rum.«

Gemeinsam haben alle diese Aussagen, dass die Klagenden meist völlig fassungslos sind, wie »man« nur so sein kann. Und warum die anderen nicht so ticken wie sie selbst, sie sind doch stets verständnisvoll und vernünftig. Oder, wie es in einem alten deutschen Volkslied heißt: »Die Menschen sind schlecht, sie denken an sich. Nur ich denk an mich.« Dem setze ich gern meine Erfahrung entgegen: »Der einzige Mensch, den Sie ändern können, ist der, den Sie heute früh gewaschen, rasiert, geschminkt, frisiert ... haben.«

Heißt das, man muss sich alles gefallen lassen? Nein, natürlich nicht. Aber es wird erst besser, wenn man aufhört, die moralische Keule zu schwingen und darauf zu hoffen, dass die anderen sich ändern werden. Der Coaching-Impuls des Perspektivwechsels kann aus der Fassungslosigkeit herausführen und Handlungsalternativen zeigen.

Stellen wir uns jemanden vor, der über einen Kollegen klagt: »Der schafft das immer wieder, Arbeit abzuwenden. Ich schufte wie ein Idiot und der macht sich ein schönes Leben. Warum ist der so, wir anderen machen ja auch ordentlich unsere Arbeit?« Darin enthalten ist die unausgesprochene Frage: »Warum ist der nicht so wie ich?« Die Antwort lautet: »Weil der anders ist!«

Das hilft dem Fragenden auch nicht viel weiter. Deshalb versuchen Sie es mal mit dem Perspektivwechsel. Und der könnte folgendermaßen ablaufen:

»Stellen Sie sich vor, Ihr Kollege säße jetzt hier und würde mir aus seiner Sicht die Situation schildern. Was würde der mir erzählen?«

»Der würde vielleicht sagen, dass wir alle bekloppt sind, so viel zu arbeiten.«

»Was würde er noch über sich und seine Lebenssituation sagen?«

»Vielleicht, dass er frustriert ist. Er wollte mal Gruppenleiter werden, aber der andere Kollege hat ihm den Job weggeschnappt. Na ja, und er ist total beschäftigt mit dem Umbau von dem alten Haus, das er geerbt hat.«

»Sagen Sie das bitte einmal in seinen Worten, als wären Sie er.«

»Ich hab mir da ein bisschen viel vorgenommen mit diesem Umbau. Die Bude ist noch nicht fertig, aber wir mussten schon einziehen, um Geld zu sparen. Wir leben auf einer Baustelle. Jeden Abend und jedes Wochenende bin ich am Schuften.«

»Haben Sie das jetzt erfunden, oder ist das wirklich so?«

»Nein, das weiß ich von ihm, und man sieht ihn auch rumwerkeln, wenn man an dem Haus vorbeifährt.«

»Was würde er in seinen Worten über die Nicht-Beförderung sagen?«

»Der alte Chef hatte mir jahrelang versprochen, dass ich sein Nachfolger werde, wenn er in Pension geht. Und dann hat er sich doch für diesen jungen Schnösel entschieden. Pah, soll der doch sehen, wie er fertig wird. Also, ich reiße mir kein Bein mehr aus.«

»Wenn Sie die Situation jetzt nur aus der Sicht des Kollegen sehen, können Sie Verständnis dafür aufbringen?«

»Ja, natürlich, schon. Aber das darf doch nicht auf meine Kosten gehen!«

»Da haben Sie völlig recht. Was können Sie tun, damit die ganze Arbeit nicht an Ihnen hängen bleibt?«

»Ich müsste öfter Nein sagen. Und eigentlich ist es ja Sache des Chefs, dass er sich darum kümmert. Der sieht doch auch, was los ist.«

»Warum glauben Sie, dass der sich nicht kümmert?«

»Der will keinen Ärger. Und es geht ja auch so.«

»Ja, solange Sie mitspielen.«
»Tja, dann muss ich wohl mal was ändern.«

Merken Sie, worauf ich hinauswill? Es hilft niemandem, mit dem Finger auf andere zu zeigen: »Die sind schuld.« Oder wie ich salopp zu sagen pflege: »Da kannst du dir ein Ei drauf braten.« Eine Erkenntnis des Perspektivwechsels soll sein: Menschen sind, wie sie sind. Und sie werden sich nicht ändern, nur weil wir uns das wünschen. Wenn überhaupt, schaffen es Menschen nur aus eigener Einsicht, sich zu ändern. Es ist daher für den, der sich beklagt, wesentlich effektiver, die Energie auf das zu lenken, was einzig helfen kann: sein eigenes Handeln.

Die pubertierende Tochter versinkt in ihren Hormonen und verhaut jede Schulaufgabe? Stehen Sie zu ihr, machen Sie ihr Mut, fordern Sie ein Mindestmaß an Anstrengung – und hoffen Sie, dass dieses »Gewitter im Hirn«, wie Experten sagen, nach ein, spätestens anderthalb Jahren wieder vorbei ist.

Die Eltern nutzen jeden Besuch von Ihnen, um über ihre Situation zu jammern? Sprechen Sie das an und sagen Sie ihnen klar und deutlich, dass Sie gar keine Lust auf Besuche mehr haben, wenn sich das nicht ändert.

Ihre Freunde nutzen Sie aus? Wer allein kann das verhindern? Sehen Sie, es funktioniert.

Eine wichtige psychologische Erkenntnis ist: Kein Mensch handelt ohne Grund. Das heißt, Menschen haben einen Grund, so zu sein, wie sie sind, und das zu tun, was sie tun – auch wenn wir anderen das nicht verstehen oder nachvollziehen können. Wir können allerdings unsere Reaktionen auf dieses Handeln verändern.

Besonderheit beim Coachen

Bringen Sie Ihr Gegenüber dazu, nicht *über* den anderen, sondern *mit der Stimme* des anderen zu sprechen. Ermutigen Sie ihn, sich in die Rolle des anderen hineinzuversetzen. Es ist erstaunlich, wie gut das den meisten Menschen gelingt. Und geleiten Sie Ihr Gegenüber dann aus der Empörung ins Handeln: Ja, der andere ist so gepolt. Nein, Sie werden ihn nicht ändern. Wenn der andere ist, wie er ist, was heißt das dann für die Konsequenzen?

Besonderheit beim Selbstcoachen

Bemühen Sie sich ernsthaft, sich in die Rolle der anderen, über die Sie sich aufregen, hineinzuversetzen. Warum tun sie das, was sind die Hintergründe, was haben sie davon, so zu sein? Ob Sie dies alles nachvollziehen können oder nicht, spielt dabei keine Rolle. Und wenn die anderen Gründe haben, so zu sein, wie sie sind, dann müssen *Sie* etwas tun, wenn Sie nicht darunter leiden möchten.

21. Die Glückskurve

Anwendung: Lebensfreude steigern

Situation: Zum Selbstcoachen und beim Coachen von anderen

Voraussetzung: Zeit zum Nachdenken

Methode: Die Ansätze kommen aus der Biografiearbeit.

Dauer: 30 bis 45 Minuten

Dieser Coaching-Impuls hilft, Licht in die latente Unzufriedenheit von Menschen zu bringen. Man erkennt diese Unzufriedenheit meist daran, dass diese Menschen überlegen, ob

- sie den Job wechseln sollten,
- sie die Partnerschaft beenden sollten,
- sie in eine andere Stadt umziehen sollten,
- sie noch einmal ganz neu anfangen sollten,
- sie eine Auszeit bräuchten,
- das schon alles gewesen sein soll.

Da ist es interessant zu wissen, wann diese Menschen richtig glücklich und zufrieden gewesen sind! Wann sie das Gefühl hatten, am richtigen Platz, am richtigen Ort, mit den richtigen Menschen zusammen zu sein. Wann sie Sinn in ihrer Lebenssituation gesehen und Freude am Tun erlebt haben.

Ein hilfreicher Coaching-Impuls ist dafür die »Glückskurve«. Vor einigen Jahren bin ich über eine Kollegin mit Biografiearbeit in Kontakt gekommen, also mit der gezielten Erinnerung an das zurückliegende Leben. Daraus habe ich diesen Glückskurven-Impuls fürs Coaching entwickelt, der wunderbar geeignet ist, Erkenntnisse aus dem gelebten Leben für weitere Entscheidungen zu ziehen.

Wie funktioniert das? Jemand, der Aufschlüsse für seine weitere Lebensplanung ziehen möchte, zeichnet sich ein X-Y-Diagramm (siehe Abbildung Seite 182).

Auf der waagerechten Linie zeichnet er Stationen seines Lebens ein, an die er sich erinnert, also zum Beispiel Einschulung, Konfirmation/Kommunion/Jugendweihe, Wechsel in höhere Schule, Schulabschluss, Ausbildung/Studium, Reisen oder Au-pair-Zeit, Auslandsaufenthalte, erster Job, Stellenwechsel, Auf- oder Abstiege, Arbeitslosigkeit, Umzüge, Eheschließungen oder Zusammenziehen, Geburten oder berufliche Auszeiten für Kinder, Schicksalsschläge wie der Verlust von Angehörigen usw. Immer mit dem Jahr verbunden, in dem die Ereignisse stattgefunden haben.

Auf der senkrechten Linie sind zur Identifizierung des Glückszustandes in dieser Zeit zehn Punkte eingetragen:

- 1 bis 3 Punkte heißt gar nicht oder wenig glücklich.
- 4 bis 7 Punkte bedeuten mittelglücklich.
- 8 bis 10 Punkte sagen aus, dass es sich um eine glückliche oder sehr glückliche Zeit gehandelt hat.

Ihre Glückskurve

Bitte entscheidende Stationen Ihres Lebens eintragen (Umzüge, Jobs, Erfolge, Krisen, familiäre Veränderungen) und für jede Station den Glücksfaktor ankreuzen (1 = wenig, 10 = sehr glücklich).

Für die Arbeit mit der Glückskurve bedeutet das, dass Sie erst die verschiedenen Stationen Ihres Lebens eintragen, je mehr umso besser, und diesen dann darüber ein Kreuz auf der Höhe der damaligen Glücksempfindung zuordnen. Diese Kreuze verbinden Sie zum Abschluss mit einer Linie. Dadurch entsteht eine mehr oder weniger gezackte Glückskurve.

Wenn Sie die Ereignisse bewertet und Ihre ganz persönliche Glückskurve sichtbar gemacht haben, überlegen Sie bitte Folgendes:

1. Was haben die Stationen mit hohem Glücksfaktor gemeinsam?
2. Welche Schlussfolgerungen ziehen Sie daraus?

Hier ein Beispiel für eine solche Glücksarbeit:

Natascha R., 36, ist ins Coaching gekommen, weil sie unzufrieden mit ihrem derzeitigen Arbeitsplatz ist. »Eigentlich« läuft alles ganz gut, aber sie empfindet keine Begeisterung und wenig Motivation, dabeizubleiben.

Wir füllen ihre Glückskurve aus, die einen Durchschnitt von etwa fünf Punkten hat, sie endet in der Gegenwart allerdings nur bei 3. Vier herausragende 10-Punkte-Gipfel fallen dabei auf: Nataschas Auszug aus dem Elternhaus mit 19; ein Jahr im Rahmen des Studiums in Amerika; ihre Hochzeit und der Wechsel in den jetzigen Job. Als sie die Gemeinsamkeiten dieser Punkte überlegt, bitte ich sie, eine Erkenntnis daraus zu formulieren.

Natascha R.: »Ich bin aus meinem sehr strengen Elternhaus geflohen, so würde ich das heute sagen, und habe in einer Großstadt angefangen zu studieren. Das war toll.

Im Rahmen eines Austauschprogramms bin ich als Chemie-Studentin für ein Jahr nach Amerika gegangen. Das war unbeschreiblich. Nie habe ich mich freier gefühlt.

Und die Hochzeit mit meinem Mann war schön. Ich war sehr glücklich, obwohl meine Eltern dagegen waren. Für mich war es die Erfüllung, und das ist unsere Ehe heute noch.

Das vierte Kreuz steht für meinen Anfang in der Firma, in der ich jetzt noch bin. Mein Chef hat mir damals sehr viel versprochen. Ich sollte große Freiheit in meiner Arbeit bekommen, er hat mir sehr verlockende Perspektiven aufgezeigt.«

»Wie würden Sie diese Glückserlebnisse zusammenfassen?«

»Also das waren alles Momente großer Freiheit, ja, man könnte fast sagen, Abenteuer. Momente mit guten Perspektiven und mit viel Hoffnung.«

»Und was ist jetzt anders?«

»Tja, aus den Versprechungen meines Chefs ist nicht viel geworden. Ich muss sehr viele Routinearbeiten machen, die mich langweilen.«

»Welche Schlussfolgerungen ziehen Sie daraus?«

»Ich brauche wieder mehr Herausforderungen, ja, ich brauche spannende Perspektiven.«

Mithilfe des Alternativrads (siehe Seite 85 ff.) haben wir dann verschiedene Möglichkeiten für Natascha R. aufgelistet und diskutiert, um wieder mehr Abenteuer in ihr Leben zu bringen.

Jetzt verstehen Sie vielleicht einmal mehr, warum ich gerne mit Coaching-Impulsen arbeite. Diese Übungen, Spiele, Werkzeuge helfen in der Regel, sehr viel schneller auf wichtige Erkenntnisse zu kommen, als es durch das reine Reden und Zuhören möglich wäre.

Besonderheit beim Coachen

Ermutigen Sie Ihren Coachee, möglichst viele einzelne Etappen auf der Lebenslinie einzutragen. Manche Menschen haben wichtige Ereignisse regelrecht »vergessen«. Oder sie werden erst in der Summe bedeutsam. Es gibt Menschen mit flacheren und mit steileren Glückskurven. Das liegt manchmal an der unterschiedlichen Begeisterungsfähigkeit von Menschen. Auch hier hilft eine größere Fülle von Daten.

Besonderheit beim Selbstcoachen
Bemühen Sie sich, möglichst viele detaillierte Lebenssituationen und Erinnerungen aufzuschreiben. Und versuchen Sie sich möglichst genau an Ihren emotionalen Zustand von damals zu erinnern. Welche kleinen Highlights hat es zwischendurch gegeben, wann blitzt so ein Glücksstern in Ihrer Erinnerung auf? Es ist wie früher im Mathematikunterricht: Je mehr Angaben wir haben, desto passgenauer wird die Kurve. Und desto mehr Anregungen für Schlussfolgerungen bekommen Sie in Ihrer »Kurvendiskussion«.

22. Der Dreisprung zur Veränderung

Anwendung: Der Energiejump zum Tun
Situation: Zum Selbstcoachen und beim Coachen von anderen
Voraussetzung: Erfassen, erkennen, umsetzen können
Methode: Dieser Impuls ist einfach und alltagstauglich.
Dauer: 10 bis 20 Minuten

Sie haben sicher schon einmal einen Sportler beim Dreisprung gesehen: schneller Anlauf, Sprung, mit einem Fuß aufsetzen und wieder kräftig hochschnellen, dann mit dem anderen Bein aufsetzen und Sprung, möglichst weit mit beiden Beinen nach vorne ins Ziel - in die Sandkuhle - neuer Rekord! So ähnlich können Sie sich den Dreisprung zur Veränderung vorstellen.

1. Sprung: Eine Erkenntnis gewinnen
2. Sprung: Gute Ideen entwickeln
3. Sprung: Konkrete Handlungsschritte einleiten

Dieser Coaching-Impuls eignet sich für alle fokussierten und eher konkreten Lösungswünsche. Ein Beispiel:

Ludger Sch. ist 61 Jahre alt, im Ruhestand und Vorstand eines Fußballvereins. Ich treffe ihn auf einer Veranstaltung der örtlichen Sparkasse. Nach meinem Vortrag stehen wir beim Bier zusammen. Er ärgert sich aktuell über seine Vereinskollegen, die wenig Engagement bei einer von ihm anberaumten Aufräumaktion des Vereinsheims gezeigt haben. »Mit drei Leuten habe ich dagestanden. Das ist doch eine Schande bei über 400 Mitgliedern. Wie kriege ich die Mitglieder dazu, sich nächstes Mal mehr zu engagieren?«

Ich gebe ihm zehn Minuten Zeit für eine Lösung.

1. Wir suchen nach einer Erkenntnis aus seinem Statement: »Ich muss das wohl anders ankündigen. Mich darüber aufzuregen bringt ja auch nichts.«
2. Wir suchen nach Ideen:
   »Ich könnte eine Aktion ›Schönes Vereinsheim‹ ausrufen, eine attraktive Einladung gestalten, vielleicht mit Kaffee zum Anfang und Grillen mittags. Vielleicht auch eine Verlosung unter allen, die helfen, ich kenne schon genügend Firmen, die was spendieren würden. Vielleicht könnten die Kinder und Jugendlichen in der Zwischenzeit betreut werden, damit Eltern auch kommen können. Wir haben einen Akkordeonspieler im Verein, der könnte Musik machen. Es müsste mehr Spaß machen, dabei zu sein.«
3. Konkrete Handlungsschritte:
   »Ich werde zwei Mütter aus dem Verein, die aktiv sind, bitten, mich zu unterstützen. Ich muss ja auch nicht alles allein machen. Wir werden in drei Monaten den nächsten Termin ansetzen und bis dahin ein attraktives Programm zusammenstellen.«

Ja, so wird er es machen. Ludger Sch. ist zuversichtlich und entschlossen. Er hat seinen ursprünglichen Ärger in Energie zum Handeln umgewandelt. Prost.

Besonderheit beim Coachen

Helfen Sie dem Menschen, den Sie beim Dreisprung zur Veränderung begleiten, seinen Lösungswunsch gleich zu Beginn wirklich auf den Punkt zu bringen. Nur dann können Sie ziemlich schnell konkrete Schritte erarbeiten.

Besonderheit beim Selbstcoachen

Dieser Coaching-Impuls hilft Ihnen blitzschnell aus dem Ärger und in konkrete Veränderungsschritte. Brechen Sie Ihr Anliegen auf einen konkreten Wunsch herunter. Also nicht: »Wie schaffe ich es, dass alle Mitglieder mehr Engagement im Verein zeigen?«, sondern lieber: »Was kann ich konkret tun, damit bei der nächsten Aufräumaktion mindestens 20 Mitglieder kommen?«

23. Der Ich-bin-doch-nicht-blöd-Ausweg

Anwendung: Raus aus der Selbstbeschimpfung
Situation: Zum Selbstcoachen und beim Coachen von anderen
Voraussetzung: Klar analysieren können
Methode: Dieser Impuls nutzt die Appreciative-Inquiry-Methode.*
Dauer: 60 Minuten

»Geht nicht, gibt's nicht« ist ein beliebter Spruch mancher Motivationstrainer. Natürlich wissen wir, dass nicht alles geht – also ich weiß zum Beispiel, dass ich keine Eiskunstlauf-Weltmeisterin mehr werde. Ich will es auch nicht. Aber ehrlich: Ich könnte es auch nicht schaffen, wenn ich es wollte. Deshalb ist es überflüssig, sich darüber Gedanken zu machen. Doch oft stehen sich Menschen auch bei machbaren Aktionen selbst im Weg. Schuld daran ist der »Mindfuck«, wie es meine Kollegin Dr. Petra Bock in ihrem gleichnamigen Buch** nennt.

Sprich: Wir finden so viele Gründe, warum etwas ganz bestimmt nicht geht, bis es nicht geht. Wir finden so viele negative Seiten an uns, bis wir tatsächlich das Gefühl haben, dass uns gar keiner mögen wird. Wir zählen alle Barrieren und Hindernisse auf, bis wir gar nicht mehr darüberschauen können.

---

* Der US-Psychologe Prof. David Cooperrider hat ein Verfahren entwickelt, »Appreciative Inquiry«, das man übersetzt »wertschätzende Befragung« nennen könnte, bei dem konsequent auf das Positive – »auf das, was geht« – geachtet wird. Denn, so Cooperrider: »Menschen und Systeme bewegen sich in die Richtung, in die sie schauen, und die Fragen, die wir stellen, entscheiden darüber, was wir finden.«

** Petra Bock: *Mindfuck. Warum wir uns selbst sabotieren und was wir dagegen tun können,* München: Knaur 2011

Wenn wir wollen, dass etwas geht, müssen wir also die Aufmerksamkeit auf die Dinge lenken, die wir tatsächlich können und die uns dabei helfen können, etwas zu erreichen. Was heißt das für diesen Coaching-Impuls? Er hilft beispielsweise in Situationen, in denen Menschen dazu neigen, ihre Vergangenheit oder ihre derzeitige Situation nur noch aus der Fehlersicht zu betrachten: »Ich hätte das nicht machen sollen.« – »Wäre ich doch da nicht hingegangen.« – »Ich hätte es wissen müssen.« – »Ich habe alles falsch gemacht.«

Haben Sie diesen Gedanken auch schon mal gehabt, als Sie bei einer Beförderung übergangen wurden, einen Job nicht bekommen haben, eine Beziehung gescheitert ist oder Sie sich über zu wenig Anerkennung geärgert haben? Menschen sind schnell dabei, sich selbst für ihre Fehler zu geißeln. Alles nicht sehr hilfreich.

Monika H. ist 46 und seit drei Jahren geschieden. Sie macht sich immer noch große Vorwürfe, dass sie ihre Ehe nicht retten konnte, und fürchtet, keinen Partner mehr zu bekommen. »In meinem Alter finde ich nie mehr einen Mann, das kann ich doch vergessen! Die besten Jahre habe ich mit diesem Mann vergeudet. Die Männer in meinem Alter suchen doch alle eine Jüngere.«

Ich verkünde ihr als Erstes die gute Botschaft: »Keine Angst, der Mann, der sich in Sie verlieben wird, ist schon geboren. Der läuft schon da draußen herum. Der muss Sie nur noch finden. Oder andersrum: Sie müssen sich nur noch von ihm finden lassen.«

Sie muss lachen. »Na, dann ist's ja gut.«

»Was für eine Frau wird er denn vor sich sehen, wenn er plötzlich vor Ihnen steht?«

Monika lässt sich auf das Spiel ein: »Eine Frau mit viel Lebenserfahrung.«

»Und was noch? Beschreiben Sie doch mal diese Frau, als wäre es Ihre beste Freundin.«

»Sie hat Temperament, lacht gern, kann gut tanzen, ist tüchtig, steht auf eigenen Beinen, hat zwei Kinder erzogen, puh!«

»Was schätzt diese Frau, wofür würde sie sich einsetzen?«

»Sie schätzt es, mit Freunden zusammenzusitzen und auch zu diskutieren. Sie hat Interesse an allem, was um sie herum stattfindet. Einsetzen, wofür würde sie sich einsetzen? Für Gerechtigkeit, ich hasse es, wenn jemand ungerecht behandelt wird.«

»Und welcher Tiger schlummert in dieser Frau, sprich, welches Potenzial?«

Monika lacht wieder. »Sie hätte Lust, noch einmal woanders ganz neu anzufangen, also sie ist mobil. Sie könnte sich vorstellen, sich selbstständig zu machen, vielleicht mit einem kleinen Café. Also, sie hat ja noch 20 Jahre Zeit zu arbeiten.«

»Das klingt alles sehr attraktiv.«

»Na ja, geht so.« Das überhöre ich jetzt einmal.

»Wo könnte ein netter Mann diese Frau treffen?«

»Hm, leider meistens auf dem Sofa, vorm Fernseher.«

»Wie wahrscheinlich ist das, dass er sie dort sieht?«

»Na, wohl nicht so wahrscheinlich.«

»Was müsste diese attraktive, fröhliche Frau dann tun?«

»Ausgehen?«

»Klingt gut. Haben Sie Lust dazu?«

»Na, wenn er mich sehen soll, muss ich ja wohl.«

»Haben Sie Freundinnen, mit denen Sie ausgehen könnten, ins Café, ins Kino, zum Tanzen?«

»Ja, die hätte ich schon, die drängen sowieso immer, ich soll mitkommen.«

»Prima. Wann werden Sie mit einer Freundin ausgehen? Konkreter Termin?«

»Jui, Sie gehen ja ran. Nächstes Wochenende?«

»Wen rufen Sie an, um sich zu verabreden?«

»Die Beate. Und die Hanna.«

»Viel Spaß. Und denken Sie dran, vielleicht ist er an diesem Abend noch woanders unterwegs. Aber das macht nichts, dann genießen Sie den Spaß mit Ihren Freundinnen.«

Die Menschen bewegen sich in die Richtung, in die sie schauen. Was habe ich in diesem Kurzcoaching getan? Ich habe die Augen von Monika H. auf sich selbst als attraktive Frau gelenkt, und sie ist mitgegangen. Sie weiß, dass ich gescherzt habe mit meiner Aussage, dass der Mann, der sie finden wird, schon geboren ist. Und sie hat sich auf das Spiel eingelassen.

Manchmal finden Menschen nicht allein aus ihrem Kreisen um die Probleme heraus. Und wenn plötzlich jemand die Tür öffnet und einen Blick auf das, was sein könnte, ermöglicht, kann sich der Blick heben und die Wahrnehmung verändern. Lachen schadet dabei übrigens überhaupt nichts, im Gegenteil. Wer lacht, lernt, habe ich festgestellt, und ist bereit, neue Impulse aufzunehmen.

Besonderheit beim Coachen

Wenn Sie einen Menschen bei dem Versuch begleiten, die Wahrnehmung vom Negativen aufs Positive zu verschieben, seien Sie möglichst unterstützend optimistisch. Das heißt nicht, das Blaue vom Himmel zu versprechen, aber es heißt, die Fülle der Möglichkeiten wahrzunehmen, die sich hinter dem Wall des »Geht nicht« verbergen. Machen Sie Lust aufs Leben und auf Ausprobieren. Verstärken Sie die Gruppe der Mutmacher, nicht die der Bedenkenträger. Davon gibt es schon genügend.

Besonderheit beim Selbstcoachen

Wenn es Ihnen schwerfällt, das Positive zu sehen, hilft es, sich selbst die Erlaubnis zu geben: »Jetzt spinn doch mal rum! Was wäre, wenn ...?« Diese Freiheit zum Spinnen verpflichtet Sie zu gar nichts. Aber einmal hinzugucken, dorthin, wo etwas geht, kann sehr verheißungsvoll sein. Dass das alles »gar nicht so einfach ist«, werden Ihnen schon ein paar Bedenkenträger wieder versichern. Dann denken Sie an mein Motto aus meiner Fernsehsendung: Mach's *einfach*, aber *mach's* einfach!

24. Die Akzeptanz-Kraft

Anwendung: Tatsachen, die man nicht verändern kann
Situation: Zum Selbstcoachen und beim Coachen von anderen
Voraussetzung: Aushalten können, dass es keine Lösung gibt
Methode: Ein Weg zur Gelassenheit
Dauer: 15 bis 30 Minuten

Annehmen, was ist, ist eine der größten Herausforderungen auf dem Weg zu Gelassenheit und Lebensfreude. Nicht immer können wir etwas verändern, nicht immer gibt es eine schnelle Lösung. Dieser Coaching-Impuls kann helfen zu akzeptieren, dass wir manche Dinge hinnehmen müssen und nicht ändern können.

Viele Menschen glauben, sie müssten für ihr Lebensglück die ganz großen Entscheidungen treffen: kündigen, sich scheiden lassen, die Kinder zur Adoption freigeben, alles verschenken, auf eine paradiesische Insel ziehen. Und wenn das nicht möglich ist, dann reagieren sie trotzig. »Ich habe ja keine Chance!«

Thomas O., 31, ein großer, sportlicher Typ, ist früher Rennrad gefahren, große Touren über mehrere Tage, über Alpenpässe, bis an den Rand der Erschöpfung. Und er war glücklich dabei. Heute ist er berufstätig, hat eine Frau und einen zweijährigen Sohn und keine Zeit mehr für die großen Touren. In einem Seminar beklagt er sich: Er komme überhaupt nicht mehr zum Radfahren. Ihm fehle der Ausgleich, er sei auch nicht mehr so fit wie früher.

Ich frage ihn: »Warum können Sie nicht ein paar Stunden freimachen, um Rad zu fahren?«

»Für eine Tour bräuchte ich wenigstens einen ganzen Tag.«

»Warum nehmen Sie sich nicht mal einen Tag dafür frei?«

»Das kann ich meiner Frau nicht antun.«

»Und wenn Sie wenigstens ein paar Stunden fahren?«

»Nein, das ist nicht das Gleiche.«

»Was wollen Sie dann?«

»Eigentlich will ich mein früheres Leben wiederhaben. Ich habe nicht gedacht, dass ein Kind das Leben so verändert.«

»Dann haben Sie zwei Möglichkeiten – Sie geben das Kind zur Adoption frei oder Sie verlassen Frau und Kind.« Ich liebe es, zu provozieren.

Thomas O. hält mich für völlig bekloppt und schüttelt nur den Kopf.

»Tja, was wäre denn dann die dritte Lösung?«

»Nicht Rad fahren.«

»Und die vierte?«

»Wie die Spießer am Wochenende eine Familien-Radtour unternehmen.«

»Sie sind berufstätig, wollen Frau und Kind nicht verlassen, wollen aber auch wieder fitter werden und fahren gerne Fahrrad. Fällt Ihnen irgendeine andere Lösung dazu ein?«

»Nein. Gar keine.«

»Dann gibt es vielleicht im Augenblick keine Lösung?«

Thomas O. nickt.

»Nehmen Sie Ihrem Kind übel, dass es Ihr Leben so auf den Kopf gestellt hat?«

Jetzt lächelt er erstmals: »Nein, natürlich nicht.«

»Nehmen Sie es sonst jemandem übel?«

Er lächelt weiter: »Nein, wir freuen uns beide über unser Kind.«

»Dann ist Fahrrad fahren oder nicht fahren allein Ihr Thema?«

Er überlegt, nickt. »Ja.«

»Dann wünsche ich Ihnen, dass Sie bald eine Lösung für sich finden«, sage ich ihm, denn auch Männer können zickig sein.

Apropos zickig: Ich erinnere mich an eine Gesprächstherapie, die ich mit Mitte 20 in einer unglücklichen Lebenssituation in Anspruch genommen habe. Ich hatte ständig das Gefühl, dass die Therapeutin mich dazu drängen wollte, meinen Freund zu verlassen, und ich wurde immer zickiger. Ich brach dann die Therapie ab und erfuhr einige Monate später, dass die Therapeutin ihren Mann verlassen hat. Ich hatte die ganze Zeit das unterschwellige Gefühl, ich sollte etwas machen, weil sie es wollte.

Wir reden sehr oft über Veränderung im Coaching, über Lösungen und Strategien. Wir aktivieren Kreativität und Willenskraft, Intelligenz und Stärken – aber manchmal ist es eine noch größere Leistung, etwas anzunehmen, also zu akzeptieren, dass etwas ist, wie es ist. Das fällt schwer, wenn wir trotzig sind, das fällt schwer, wenn wir »eigentlich« etwas anderes wollen. Das fällt schwer, wenn ein Schicksalsschlag, es kann auch ein positiver wie die Geburt eines Kindes sein, unser Leben durcheinanderbringt.

»Akzeptiere, dass es derzeit keine Lösung gibt« hat nichts

mit Resignation oder aufgeben zu tun. Nein, es kann eine wichtige Erlaubnis sein, zu entspannen, loszulassen, sich selbst nicht länger unter Druck zu setzen. Das gilt für die Beziehung wie für die Arbeit, für Alltagsprobleme wie Lebensentscheidungen. Ich ermutige manchmal Coaching-Klienten oder Seminarteilnehmer, mit sich selbst einen Vertrag zu schließen: »Ich werde mir sechs Monate Zeit geben, nichts in dieser Sache zu tun. Und dann werde ich neu entscheiden, was ich tun will.«

Besonderheit beim Coachen
Dieser Coaching-Impuls fordert vor allem eine Fähigkeit bei demjenigen, der einen Menschen als Coach begleitet – nämlich nicht um jeden Preis eine Lösung herbeiführen zu wollen. Nein, es ist kein Versagen, wenn Sie es nicht »hinkriegen«. Wenn ein Mensch innerlich nicht bereit ist, ins Handeln zu kommen, dürfen Sie ihn nicht »zum Jagen tragen«. Ehrlich: Er wird es sowieso nicht tun, aber Sie würden den Druck auf ihn sogar noch erhöhen.

Besonderheit beim Selbstcoachen
Wenn Sie diese Methode anwenden, um sich Klarheit über etwas zu verschaffen, checken Sie ruhig zwischendurch immer wieder ab: Traue ich mich nur nicht, etwas zu verändern, oder akzeptiere ich die Situation tatsächlich, wie sie ist, und kann sie annehmen und loslassen?

25. Die Mini-Mäuseschritt-Technik

Anwendung: Veränderungswünsche
Situation: Zum Selbstcoachen und beim Coachen von anderen
Voraussetzung: Mut zu kleinen Schritten
Methode: Es gibt nichts Gutes, außer man tut es.
Dauer: 5 bis 15 Minuten

Ein Mini-Mäuseschritt-Beispiel:

Sie müssen Ihr berufliches Netzwerk in dem Unternehmen, in dem Sie arbeiten, dringend ausbauen!

Sie haben weder Zeit noch Lust, ständig mit anderen essen zu gehen, in der Kaffeeküche herumzuhängen oder gar am Abend mit Kollegen für die Karriere saufen zu gehen.

Sie nehmen sich vor, einmal im Monat mit jemandem aus einer anderen Abteilung, den Sie besser kennenlernen wollen, in die Kantine zum Essen zu gehen.

Geht doch.

Besonderheit beim Coachen
Wer alles will, macht oft gar nichts. Deshalb hilft es sehr, wenn Sie Menschen helfen, aus einer Maximalforderung, die nicht oder nur mit sehr großen Mühen zu schaffen ist, einen ersten Mini-Mäuseschritt zu entwickeln, der machbar und sinnvoll ist. Man könnte ihn auch den Mutmach-Mini-Mäuseschritt nennen.

Besonderheit beim Selbstcoachen
Checken Sie »große« Vorhaben, die Sie vor sich herschieben, darauf ab, ob Sie einen Mini-Mäuseschritt daraus entwickeln können. Wie heißt es so schön: »Der Spatz in der Hand ist besser als die Taube auf dem Dach«. Der Mäuseschritt sollte so klein sein, dass Sie ihn ohne Anstrengung gut hinbekommen. Und wenn Sie die Einfachheit überzeugt hat, gibt er vielleicht den Schwung für den nächsten kleinen oder größeren Schritt.

Jetzt wissen Sie, wie ich coache

Ich betone noch einmal: Dies ist meine Art zu coachen. Andere Kollegen machen es vielleicht anders. Aber wie wir wissen, kommt es vor allem auf den Menschen, sprich auf die Art und die Qualität der Zuwendung an und dann erst auf die Methode. Mein »Lösungsorientiertes Kurzcoaching« (LOKC) eignet sich besonders für Veränderungen, die fokussiert in kürzester Zeit umgesetzt werden können.

Mir ist es in meinen Coachings (und auch in der Ausbildung dazu) vor allem wichtig, Menschen den Blick nach vorn zu ermöglichen, damit sie die eigene Zukunftsgestaltung in die Hand nehmen. Ich glaube an die Kraft der Menschen, für sich selbst sorgen zu können, ich bin dankbar, wenn ich sie dabei ein Stück weit begleiten darf.

Wenn ich Ihnen das Thema Coaching und die Umsetzung in unser aller Leben etwas näher bringen konnte, würde mich das sehr freuen. Ich bin überzeugt davon, dass es allen in unserer Gesellschaft besser gehen würde, wenn sich diese Coaching-Impulse verbreiten und Menschen helfen würden, aus Kummer und Ärgernis, aus Mutlosigkeit und Verwirrung herauszukommen.

Menschen haben die Kraft, sich selbst zu helfen. Sie haben die Kreativität, auf gute Ideen zu kommen. Sie haben die Klugheit, ihre Ideen auch umzusetzen. Und sie haben genauso die Fähigkeit, anderen Menschen dabei zu helfen, wie andere Menschen um Hilfe zu bitten, sie auf ihrem Weg zu begleiten.

Ja, Menschen können coachen. Was für eine wunderbare Erkenntnis!

Führungskräfte als Coaches: Mut zur Menschlichkeit

Ich möchte Führungskräften, die gerne Coaching-Impulse in der Arbeit mit Mitarbeitern oder Kollegen einsetzen wollen, gegen Ende des Buches ein eigenes Kapitel widmen. Wenn ich ManagerInnen coache, denke ich öfter an einen Satz aus der Zeit, als die ersten »Gastarbeiter« nach Deutschland gekommen sind. »Sie haben Arbeiter geholt, aber es sind Menschen gekommen.« Dieser Satz fasst auch heute noch das Dilemma der Führungskräfte plastisch zusammen. Manager haben die Aufgabe, Menschen zu Leistung zu führen. *Menschen* – also nicht Planstelleninhaber, Kostenstellenbesetzer, Personalkosten-in-die-Höhe-Schrauber. Sondern Menschen aus Fleisch und Blut.

Wie Manager Mitarbeiter zu Leistung führen können, zeigt der eben zitierte Satz: Immer daran denken und nie vergessen, dass wir es mit Menschen zu tun haben – jener ganz speziellen Spielart von Gottes Schöpfung, die zwischen Leistungs-Flow und Leistungs-Flucht hin- und herpendeln kann, zwischen Rekordeinsatz und innerer Kündigung.

> **Heutzutage** muss man Mitarbeiter motivieren. Anbrüllen allein hilft nicht mehr.
> *Spruch auf einer Postkarte*

Arbeitsplatzabbau einerseits und Topeinkünfte und Rekordgewinne für die Arbeitsplatz-Abbauer haben zu sozialen Spannungen geführt. Und zwischen den Fronten stehen die Führungskräfte unterhalb der Vorstandsebene; sie stehen von beiden Seiten unter Feuer.

Das Gebot der Stunde heißt: Coaching. Kommen aus dieser Ecke die Tools zur Menschenführung, die endlich greifen?

Ja, weil Coaching heißt: für sich selbst Klarheit schaffen, die Ziele klären und einen Businessplan für das Erreichen der Ziele aufstellen. Mit einem derart durch ein Coaching geklärten Blick erreichen Manager Selbstsicherheit, strahlen sie aus und gewinnen Autorität.

Ja, aber auch, weil mithilfe menschenorientierten Coachings Mitarbeitern Raum geschaffen wird für gute Leistungen, Sicherheit gegeben wird für Selbstverantwortung und Klarheit für persönliche und unternehmerische Ziele.

Sehr dezidiert hat es Dr. Richard Farson, Amerikaner, studierter Psychologe und 30 Jahre lang CEO von Unternehmen und Organisationen, ausgedrückt: »Die Mitarbeiter sind klug. Sie durchschauen alle deine Managementmethoden. Deshalb zählst du und wirkst nicht durch Techniken, Tricks oder Methoden, sondern letztlich als Mensch.«

Ich glaube in der Tat daran, dass wir alle, Sie und ich und Ihre und meine Mitarbeiter, alles wissen, was für Leistung und Erfolg notwendig ist. Das hat mir ein Manager nach einem Vortrag in der Filiale eines Nobelautomobilkonzerns innerhalb einer Vortragsreihe vor einigen Wochen auf schöne Weise bestätigt. Er kam zu mir und sagte mit ernster Miene: »Dies war der letzte von zehn Vorträgen, die ich mir angehört habe, und der erste in dieser Reihe, in dem ich nichts Neues gelernt habe ...« – au Backe, dachte ich, aber dann lächelte er – »... aber es war auch der erste Vortrag, bei dem ich mich keine Sekunde gelangweilt habe. Der erste, bei dem ich nicht nach einer halben Stunde auf die Uhr geschaut habe: Wie lange muss ich noch? Ich danke Ihnen dafür.« Und das wirklich erlösende Wort kam von seiner Frau, die neben ihm stand: »Und noch nie hast du so viel mitgeschrieben.«

Was für ein wunderbares Kompliment! Ich halte nämlich, ganz grundsätzlich und lang überlegt, überhaupt nichts davon, Menschen zu belehren, zu bekehren, ihnen etwas beizubringen, Rezepte zu verteilen, sie anzuleiten. Von mir gibt es kein »Tu dies, tu das, und dieses lass …« Ich möchte, dass meine Zuhörer etwas erkennen oder - und so ist es meist - wiedererkennen. Denn die meisten Menschen wissen alles Erforderliche für ein glückliches Leben bereits - sie haben es bei ihrer Geburt mitbekommen.

Und das bekommen Menschen mit, wenn sie zu mir ins Coaching kommen: keine allerneuesten Menschenführungs- oder Selbstmanagement-Techniken, nicht die neuesten Psycho-Methoden - sondern es geht um das Herausarbeiten dessen, was von ihrem wunderbaren Wissen im Moment - und auch auf Dauer - wertvoll ist.

Das ist menschenorientiertes Coaching. Und dafür möchte ich Sie als Manager oder Managerin begeistern. Damit sind wir mitten im Thema. Die meisten Menschen, die ins Coaching kommen, »wissen irgendwie«, was sie bräuchten, um etwas zu verändern, anzupacken oder zu lassen. Aber sie kommen trotzdem nicht weiter. Was fehlt? Was erhoffen sie sich, und was bekommen sie im Coaching?

Sie bekommen den »missing link«: die ihnen noch fehlende Verbindung zwischen ihren Wünschen und ihrem Handeln. Und was ist das? Es ist nicht nur Know-how, es sind keine Ratschläge, es ist - Mut. Der fehlende Mut ist es, der Menschen davon abhält, die Dinge anzupacken, die sie »eigentlich« immer schon gewusst haben. Und der fehlende Mut ist es, der ihnen Erfolgsfantasie und Tatkraft raubt.

Das müssen Führungskräfte wissen, die ihre Mitarbeiter coachen wollen. Konkret: Die meisten Ihrer Mitarbeiter »wissen irgendwie«, was sie bräuchten, um etwas zu verändern, anzupacken oder zu lassen. Selten müssen Sie als Führungskraft einer Mitarbeiterin oder einem Mitarbeiter die

Notwendigkeit von Dingen erklären, auch nicht die einzelnen Handlungsabläufe. Aber Sie können hilfreich diesen missing link verstärken: »Was fehlt, damit Sie die Sache anpacken?« »Lassen Sie uns besprechen, in welchen Schritten Sie das Projekt angehen.«

Vom Kritiker zum Coach

An einer Stelle erkennt man besonders gut, wie sich in Zukunft die Anforderungen an Führungskräfte in Richtung Coaching entwickeln: im Kritik- und Konfliktgespräch mit Mitarbeitern. Von der althergebrachten Formulierung »Warum ist das so passiert?« geht es längst zur Coachingfrage: »Wie ist es dazu gekommen?«

Ein Beispiel: Elisabeth M., Gruppenleiterin, muss mit einem Mitarbeiter über seine gesunkenen Leistungen sprechen. Sie nimmt sich Zeit, ist bereit zum Zuhören und Lernen, verkneift sich erst einmal jede Bewertung und schnelle Schlüsse. Statt »Warum ist das Ergebnis im letzten Quartal so schlecht?« nutzt sie die Frage, um wirklich wichtige Informationen zu bekommen: »Wie kommt es, dass Sie im vorletzten Quartal so hervorragende Zahlen erreicht haben und im letzten Quartal das Ergebnis so eingebrochen ist? Was meinen Sie selbst, woran das lag?« Das heißt: kein Vorwurf, keine Vorverurteilung, keine Bestrafung. Sondern: Suche nach Gründen, Suche nach Verbesserungen, Suche nach Konzepten.

Dem Mitarbeiter, Herbert F., ist das Gespräch trotzdem sichtlich unangenehm. Er rutscht auf seinem Stuhl hin und her. »Äh, Sie wissen doch, wie es in den letzten Monaten bei uns zugegangen ist. Wann hätte ich denn da die Kunden besuchen sollen?« Wie fast alle Menschen nimmt er Kritik als

Angriff auf, das ist normal. Und reagiert mit einem Gegenangriff, nach dem Motto: »Ich bin nicht schuld!«

Elisabeth M. nimmt den Ball klugerweise nicht auf, sonst verlieren sich beide in Rechtfertigungen. Es geht nicht um die Schuldfrage, sondern um Lösungen. Sie lächelt ihn an: »Erzählen Sie doch erst mal, wie Sie es in dieser schwierigen Zeit überhaupt geschafft haben, sich Freiraum für Kundenbesuche zu verschaffen.«

Herr F. kommt ins Reden. Und indem er erzählt, was funktioniert, zeigt er auf, was sich in Zukunft ändern muss, um die gesteckten Ziele wieder zu erreichen. Indem er redet, wird ihm klar, was er (wieder) verstärkt tun muss. Aus dem Rechtfertigen kommt er ins Reden übers kluge Handeln.

Elisabeth M. macht sich, während er spricht, Notizen. Und fasst dann am Schluss die Ergebnisse zusammen:

»Ich werde Sie in den nächsten Wochen entlasten, indem ich die beiden Sitzungen zusammenlege. Sie machen sich einen Wochenplan, in den Sie als Erstes die Besuchstermine eintragen und dann alles andere darum gruppieren. Sie werden mit dem Kollegen X reden, der eine gute Methode entwickelt hat, Kundenbesuche zusammenzulegen.«

Sie sammeln noch ein paar andere Ideen.

Dann fasst Elisabeth M. zusammen: »Glauben Sie, dass wir damit die größten Hindernisse aus dem Weg geräumt haben?« Herbert F. nickt, »Ja, so könnte es gehen.« Elisabeth M.: »Dann setzen wir uns in vier Wochen noch einmal zusammen und schauen uns an, was funktioniert hat und wo wir noch etwas verbessern können. Viel Erfolg!«

Statt zusammengefaltet geht Herbert F. mit Hoffnung und Zuversicht aus dem Gespräch. Er hat nicht nur Verständnis für seine Situation bekommen – das allein wäre zu wenig –, sondern ganz klare Ansagen, was er ändern muss. Statt diffusem »Das geht so aber nicht weiter!« hat er ein hilfreiches »Versuchen Sie es so!«.

Coaching zum gelungenen Fehlermanagement

1. Statt der »Warum-Frage« die »Wie-Frage« stellen
2. Keine Vorwürfe, sondern Konzepte
3. Von positiven Erfahrungen lernen
4. Konkrete Maßnahmen beschließen
5. Nach einiger Zeit kontrollieren, was funktioniert

In den 20 Jahren, in denen ich jetzt als Coach arbeite, habe ich mich bei manchen Klienten gefragt: »Was will dieser Mensch im Coaching? Er lebt prima, ist erfolgreich, tut die richtigen Dinge.« Und die Antwort wurde mir nach und nach immer wieder klar. Auch kluge, erfolgreiche, gut motivierte Menschen brauchen manchmal jemanden, der ihnen Mut macht: »Ja, das ist eine gute Idee. Ja, Sie sind auf dem richtigen Weg. Ja, ich glaube an Sie und Ihr Vorhaben.« Manche wollen, so nenne ich es – und Führungskräfte wissen, was ich meine –, die »Absolution« von mir, den Stempel »Genehmigt!« auf das Projekt, mit dem sie schon so lange schwanger gehen.

Und auch die, denen ich bei der Umsetzung ihrer Wünsche in konkrete Handlungsschritte noch aktiv helfen muss, brauchen nicht nur – und schon gar nicht in erster Linie – das Know-how, sondern das so viel wichtigere »Du darfst«:

- »Du darfst entscheiden, was du möchtest.«
- »Du darfst lassen, was du nicht mehr willst.«
- »Du darfst beginnen, was du dir wünschst.«
- »Du darfst dein Leben nach deiner Vorstellung gestalten.«

Und dann geht es darum, gemeinsam Lösungen zu entwickeln.

Coaching ist nicht Rat geben. Warum hat Coaching nichts mit Ratgeben zu tun? In der Bibel steht bereits die Auflösung, im Buch Sirach, 37. Kapitel – sie beginnt mit einer Warnung vor schlechten Rat-Gebern an naive Rat-Nehmer:

»Jeder Ratgeber will raten, aber einige raten zu ihrem eignen Nutzen. Darum hüte dich vor dem Ratgeber: Überlege zuvor, was ihm nützlich sein kann, denn er denkt vielleicht daran, zu seinem Vorteil zu raten; lass ihn nicht über dich bestimmen, damit er nicht sagt: Du bist auf dem rechten Weg –, selbst aber beiseite steht und Acht gibt, wie es dir ergehen wird ... Man fragt ja auch nicht eine Frau um Rat, wie man ihre Nebenbuhlerin freundlich behandeln soll, oder einen Ängstlichen, wie man Krieg führen soll, oder einen Kaufmann, wie hoch er deine und seine Ware schätzt, oder einen Käufer, wie teuer du etwas verkaufen sollst, oder einen Missgünstigen, wie man denken, oder einen Unbarmherzigen, wie man barmherzig sein soll, oder einen Faulen, wie man viel arbeiten kann ... Und bleibe bei dem, was dir dein Herz rät; denn du wirst keinen treueren Ratgeber finden. Denn mit seinem Herzen kann ein Mann oft mehr erkennen als sieben Wächter, die oben auf der Warte sitzen ...«

Es geht also beim Coaching nicht darum, kluge Ratschläge zu geben, sondern dem anderen zu helfen, seine eigenen Lösungen, in seinem eigenen Herzen, zu finden. Und genau deshalb ist die Lebenserfahrung des Coachenden kein Hindernis, sondern praktische Ergänzung.

Natürlich muss der Coach Erfahrung mit dem Thema haben, um das es geht. Ein Coach, der – wie beispielsweise Menschen, die von der Psychotherapie herkommen – noch nie ein Team geführt hat, sollte ein paar Jahre »in die Produktion« gehen. Dann muss fehlende Erfahrung durch angelerntes Wissen oder eigene Fantasie und Kreativität ersetzt werden. Und jeder, der sich schon einmal im Überschwang der Begeisterung über die eigene Kreativität hat mitreißen lassen und wunderbare Projekte und Planungen für sein Gegenüber entwickelt hat, kennt die Ratlosigkeit in dessen Blick, der signalisiert: »Was soll ich ...?« Er hat gelernt, dass er damit seinem Gesprächspartner keinen Gefallen tut.

Nutzanwendung für Sie als Führungskraft: Wenn Sie Mitarbeiter coachen, geben Sie ihnen keinen Rat und keine Lösungen vor. Seien Sie sicher: Die Mitarbeiterin, der Mitarbeiter kennt den eigenen Arbeitsplatz besser als Sie. Und außerdem wissen auch Sie, dass Ratschläge Schläge sind – meist ein Schlag ins Wasser. Was sollten also Führungskräfte beachten, wenn sie ihrer Verantwortung als Coach für ihre Mitarbeiter gerecht werden wollen?

Sie sollten mit Seele coachen – und mit S.E.E.L.E. Mit Seele bedeutet, sich nicht auf Methoden und Techniken zu konzentrieren, sondern vor allem den Menschen im Mitarbeiter zu sehen, den Menschen hinter dem Coachingziel, den Menschen hinter dem Auftrag. S.E.E.L.E. steht aber auch für eine Grundeinstellung der Arbeit und den Mitarbeitern gegenüber, es steht für:

Sinn
Ehrlichkeit
Enthusiasmus
Liebe
Einfachheit

Sinn: Vor einiger Zeit hatte ich die Filialleiterin einer Privatbank im Coaching. Sie brauchte Motivationstipps für ihr Team. Im Ranking der erfolgreichsten Filialen war ihre abgestürzt. Was kam beim Coaching heraus? Sie selbst war nicht mehr motiviert, sah keinen Sinn mehr in ihrem Tun. Sie wörtlich: »Die Vorgaben der Zentrale werden immer unmäßiger, soundsoviele Versicherungen müssen wir verkaufen, soundsoviele Fondsanteile, soundsoviele Kredite. Ob der Kunde das braucht oder nicht, ist denen doch egal.« Wir haben an ihrer eigenen Motivation gearbeitet, damit sie auch die MitarbeiterInnen wieder durch ihr persönliches Beispiel - Führungskräfte sind ihren Mitarbeitern ein Vor-Arbeiter - vom Sinn des Arbeitens überzeugen konnte.

Ehrlichkeit: In Seminaren erlebe ich zunehmend eine abgrundtiefe Skepsis von MitarbeiterInnen ihren Vorgesetzten gegenüber. Sie glauben ihnen schlichtweg nichts mehr. »Heute so, morgen so«, heißt die Devise in vielen Unternehmen, höre ich. Und meine Erfahrung: Autorität entsteht nur durch Aufrichtigkeit. Mitarbeiter wären bereit, viel mehr mitzutragen, wenn sie das Gefühl hätten, dass ihnen die Wahrheit gesagt wird. Sie wollen nichts beschönigt und vertuscht haben, dann sind sie auch bereit, Verantwortung mitzutragen und sogar Einschränkungen in Kauf zu nehmen.

Enthusiasmus: Führungskräfte müssen begeistert sein, um begeistern zu können. Das heißt, mit allen Sinnen präsent sein, sich dem aktiv widmen, was man gerade tut. Und das Feuer schüren, das Höchstleistungen hervorruft. Ich habe mal einen Geschäftsführer erlebt, der mit einer einzigen Rede auf der Weihnachtsfeier die ganzjährigen Bemühungen seiner Führungskräfte zur Motivation der Mitarbeiter zerstört hat. Und wie? Indem er nur gejammert hat, dass die Ergebnisse nicht stimmen würden, die Leistungen unzureichend seien und dass es ein Wunder sei, dass die Firma sich noch die Kosten für diese Feier leisten könne. Na, dann fröhliches Schaffen!

Liebe: Wer keine Menschen mag, sollte keine Führungskraft werden. Ich erlebe in Unternehmen einen eklatanten Mangel an Wertschätzung. Viele Mitarbeiter fühlen sich missachtet und immer mehr leider auch verachtet. Sie sprechen von sich selbst als »kleine Rädchen« oder »Nummern«, die ja eh nur noch als Kostenfaktor herhalten müssen. Oft werden die besten Spezialisten auf ihrem Gebiet zu Führungskräften gemacht. Gerade die sollten einmal ihr Menschenbild betrachten. Wie sprechen sie mit anderen, wie denken sie über andere, was erwarten sie von anderen? Was wissen sie, was Menschen brauchen, um sich wertgeschätzt zu fühlen?

Einfachheit: Führungskräfte brauchen Mut zu klaren Absprachen und Regeln. In vielen Abteilungen oder Teams knirscht es, weil keine klaren Regeln aufgestellt werden, weil einige sich nicht daran halten oder sich auf Kosten der anderen Freiheiten herausnehmen. Wichtige Aufgabe einer Führungskraft ist es, solche Regeln zu verkünden und den Mut aufzubringen, dafür zu sorgen, dass sie auch eingehalten werden. Sonst droht Frustration bei den Bemühten. Das erfordert auch den Mut, sich die Regelverletzer zu greifen und mit ihnen klare Verträge abzuschließen: »Ich erwarte von Ihnen ...«

Vom »Push« zum »Pull«

In Managementseminaren werde ich immer wieder mal gefragt: »Was kann ich tun, um meine Mitarbeiter zu motivieren?« Meine Standardantwort: »Vergessen Sie diese Frage. Hören Sie einfach auf, sie zu demotivieren, das würde schon völlig reichen.«

Ich selbst war 25 Jahre lang Angestellte in verschiedenen Verlagen. Dort ist mir immer wieder aufgefallen, wie demotivierend mit Mitarbeitern umgegangen wurde. Ein kleines Beispiel: Ein neuer Chefredakteur wird eingestellt. In der ersten gemeinsamen Konferenz würde ich erwarten, dass er sagt: »Liebes Team, ich brauche eure Hilfe. Der Verleger ist unzufrieden mit der Auflage, mit dem Anzeigenerlös. Gemeinsam werden wir es schaffen, bessere Ergebnisse zu erzielen.« Die meisten würden innerlich die Ärmel aufkrempeln und versuchen, dabei zu helfen (nur ganz wenige Menschen lassen sich grundsätzlich nicht mehr begeistern).

Das haben die ChefredakteurInnen, die ich kennengelernt habe, aber nie gemacht. Sie kamen in die erste Konferenz und verkündeten: »1. Urlaubssperre. 2. Gehälter werden eingefroren. 3. Wir müssen von draußen mal richtig gute Leute holen.« Man kann sich vorstellen, wie alle Anwesenden sofort den inneren Griffel fallen ließen. Na, dann halt nicht.

Ich beobachte als Coach auch in Abteilungen diese Missachtung von Expertenwissen und Begeisterungsfähigkeit von MitarbeiterInnen. Da treiben Vorgesetzte ihre Mitarbeiter an, mehr zu leisten, nennen wir es »Push«, anstatt sie zu begeistern und mitzureißen, das nennt man »Pull«. Ziel muss es sein, eine Sogwirkung zu erzielen. Und es geht. Gute Führungskräfte schaffen es, dass sie und ihre Mitarbeiter die Galeerenruder aus der Hand legen können und die Hände freibekommen, um aktiv zu gestalten.

Studien zeigen immer wieder: Menschen sind der Menschen größte Motivatoren. Mitarbeiter möchten gemeinsam mit den anderen gute Ergebnisse erzielen, Erfolgserlebnisse haben, stolz auf Geschaffenes sein. Mitarbeiter brauchen Wertschätzung und das Gefühl, Teil eines wichtigen Ganzen zu sein – keine Nummern, die man möglichst auch bald noch wegrationalisiert. Menschen sind bereit, Höchstleistungen zu bringen, wenn man sie wie Menschen behandelt. Leider stecken sie auch auf, wenn man ihnen nur oft genug sagt: »Du bist völlig unwichtig.«

Die Begeisterungsfähigkeit von Mitarbeitern lässt sich

nutzen und ausbauen. Viele Unternehmen holen sich Berater ins Haus, um Veränderungen zu planen und umzusetzen. Was machen diese meist als Erstes? Sie befragen die Mitarbeiter. Mein Tipp an Führungskräfte: Fragen Sie Ihre Mitarbeiter doch gleich selbst. Nutzen Sie die Expertise, die Beobachtungsgabe und die Erfahrung Ihrer Mitarbeiter! Die stehen an den Maschinen, sind Teil des Prozesses, kennen die Zahlen, haben Kontakt zu den Kunden und Lieferanten, wissen, wo es hakt und was zu verbessern wäre. Aber sie sagen es nur, wenn der Vorgesetzte es auch hören will.

Der Slogan von Verkaufstrainings ist seit Jahren: »Mach deine Kunden glücklich!« Meine Erfahrung ist: »Mach deine Mitarbeiter glücklich, dann werden auch deine Kunden glücklich!« Und was macht Mitarbeiter glücklich? Anerkennung und Respekt, sprich Wertschätzung. Klingt einfach, ist es offensichtlich aber nicht. Manchmal muss man stark belastete, ja zeitlich oft überlastete Führungskräfte an die einfachsten Regeln erinnern:

- sich den Namen von Mitarbeitern merken
- grüßen, wenn man in ein Büro kommt
- in E-Mails höflich sein
- pünktlich zu Konferenzen kommen
- zuhören, wenn Mitarbeiter etwas sagen
- bei Mitarbeitergesprächen nicht »nebenbei« SMS lesen oder schreiben
- währenddessen keine E-Mails beantworten
- nicht einfach wortlos aufstehen und hinausgehen

Das weiß man doch, denken Sie? Warum machen es dann so viele falsch? Mut zu Menschlichkeit heißt die Devise, begeistern statt erpressen, das Beste aus den Menschen herausholen – sie sind bereit!

Vom »Push« zum »Pull«	
»Push«	»Pull«
Macht	Führung
auf Schwächen konzentrieren	auf Stärken konzentrieren
Zwang	Begeisterung
Misstrauen	Vertrauen
Pressen	Mitreißen
Zwist	Diskussionen
Widerstand überwinden und brechen	Widerstand verstehen und auflösen
Missachtung	Wertschätzung
Gegeneinander	Miteinander

Martin Seligman hat einige einfache, aber wertvolle Einsichten darüber zusammengestellt, wie Arbeits- und Leistungsmotivation aufgebaut wird:

1. *Signaturstärken nutzen:* Es gibt im Arbeitsleben eine eindeutige, klare Beziehung zwischen positiven Emotionen und hoher Produktivität, geringer Fluktuation und hoher Loyalität. Die persönlichen Fähigkeiten und Talente in der Arbeit ausüben zu können, löst positive Emotionen aus. Und das bringt eine hohe Selbstmotivation.
2. *Ziele und Visionen entwickeln:* Eine der größten Herausforderungen für Führungskräfte ist es, die Unternehmensziele auf die Zielsetzung der Abteilung und des einzelnen Mitarbeiters umzusetzen. Ohne klare, erreichbare Ziele ist ein Mitarbeiter nur mit halbem Tempo unterwegs.

3. *Werte vorleben und leben:* Autorität entsteht durch Authentizität. Nie waren Führungskräfte so wert-voll wie heute. Unsere gut gebildeten, intelligenten MitarbeiterInnen schauen genau hin: Leben unsere Führungskräfte, was sie predigen?
4. *Wachstum ermöglichen:* Was ist die vornehmste Pflicht einer Führungskraft? Mitarbeitern nicht nur Raum zu schaffen, damit sie ihr Bestes geben können. Sondern auch dafür, ihr Potenzial aktiv weiterzuentwickeln.
5. *Wohlbefinden:* Das Wort Geborgenheit gehört heutzutage leider noch nicht zur gängigen Managementausbildung. Das wird sich ändern müssen. In Zukunft werden die befähigsten MitarbeiterInnen in das Unternehmen gehen, das ihnen den höchsten Wohlfühlfaktor bietet. Wo sie ein starkes Wir-Gefühl erleben und sich als wichtigen Teil einer Gemeinschaft fühlen können.

Mut zur Menschlichkeit heißt also, den Erfolgsfaktor Mensch wieder mehr in den Mittelpunkt zu rücken. Zu erinnern, dass Menschen Ideen und Lösungen generieren; dass Menschen von Menschen kaufen, die sie mögen. Dass ein starkes Wir-Gefühl Bestleistungen ermöglicht. Roboter brauchen vielleicht nur Strom, Menschen brauchen Menschen, die sie begeistern und motivieren, die sie fördern und fordern – und die sie achten können.

Möchten Sie selbst Coach werden?

Haben Sie Interesse daran, professioneller Coach zu werden? Dann empfehle ich Ihnen, eine möglichst praxisnahe Coachingausbildung oder -weiterbildung zu machen. Der Schwerpunkt dabei sollte das »Tun« sein, nicht das »Auswendiglernen«. Das heißt, suchen Sie sich eine Ausbildung (Adressen finden Sie problemlos im Internet, zum Beispiel bei Google unter Coaching-Ausbildung), bei der Sie wirklich Coachen lernen können – mit viel Präsenzzeit während der Ausbildung und praktischer Coaching-Erfahrung. Dass Sie also beim Coachen zuschauen können, selbst coachen und Feedback zum Coachen bekommen. Denn nur verschiedene Kommunikationsmodelle auswendig zu lernen, macht trotz Zertifikat noch keinen guten Coach. Ich habe mich dagegen entschieden, eine Grundausbildung für Coaches anzubieten. Infos über eine Weiterbildung in der LOKC-Methode finden Sie im nächsten Kapitel.

Viele Ausbilder unterscheiden zwischen Life-Coach und Business-Coach. Es kommt also darauf an, ob Sie mehr fürs private Leben coachen wollen oder Berufstätige, Unternehmer, Selbstständige bei beruflichen und/oder unternehmerischen Entscheidungen begleiten wollen.

Wenn Sie Lebenscoach werden wollen, ist es nach meiner Erfahrung hilfreich, wenn Sie selbst aus »helfenden Berufen« kommen und einige Jahre Berufserfahrung haben. Sei es aus der Seelsorge, aus der Psychologie oder Psychotherapie, aus der Pädagogik, als LehrerIn oder ErzieherIn, aus der Pflege, aus der Beschäftigung mit Menschen. Aber ich glaube auch, dass eine Mutter, die mehrere Kinder großgezogen hat, ein toller Lebenscoach werden kann (ein Vater natürlich auch).

Fürs Business-Coaching brauchen Sie, davon bin ich fest überzeugt, selbst Erfahrungen aus Unternehmen. Das heißt, Sie sollten selbst mehrere Jahre in Hierarchien gearbeitet haben und wissen, welche ungeschriebenen Gesetze dort herrschen. Wenn Sie Führungskräfte, vielleicht sogar Vorstände coachen wollen, ist eine frühere Tätigkeit in einer Führungsposition unabdingbar.

Studenten, die sich fürs Coaching interessieren, rate ich grundsätzlich, erst einmal Berufserfahrung in einem Unternehmen zu sammeln – und damit auch Lebenserfahrung. Denn wichtiger als alle Tools und Methoden ist der Mensch, der andere auf dem Weg zu Lösungen begleitet. Er braucht ein gewisses Maß an »Standing«, wie man so schön neudeutsch sagt, sprich, eine Haltung zum Leben, Rückgrat und Gelassenheit. Außerdem muss er wissen, wie Menschen »ticken«.

Fragen Sie ruhig die Anbieter von Coaching-Ausbildungen, wie lange sie selbst in Unternehmen bzw. in einer Führungsposition gearbeitet und wie viel Erfahrung sie selbst als Coach haben. Fragen Sie auch, wie deren Haltung zum Leben ist und welches Menschenbild sie haben. Vergleichen Sie die Antworten mit Ihren eigenen Erfahrungen.

Wofür sich Ausbildungen und die Arbeit als Coach nicht eignen: eigene seelische Verwerfungen dadurch klären zu wollen. Wer mit sich selbst im Unreinen ist, wer sich das selbst nicht (zu)traut, was er anderen vermittelt, ist nach meiner Meinung fürs Coaching nicht geeignet. Deshalb ist auch Ältersein nicht etwa ein Hinderungsgrund, Coach zu werden, sondern eine sehr gute Voraussetzung, sich als Coach selbstständig zu machen. Lebenserfahrung und eine gewisse Ausgeglichenheit sind höchst nützlich.

Hinweise für professionelle Coaches

Sie haben in diesem Buch an vielen authentisch berichteten Beispielen gesehen, wie ich coache. Sie haben 25 praxiserprobte Coaching-Impulse aus meiner Praxis kennengelernt – nun können Sie nicht so tun, als hätten Sie nicht einiges davon längst im Kopf. Deshalb hier meine ausdrückliche Erlaubnis: Ja, Sie dürfen sich gern in der Asgodom-Impuls-Bar bedienen. Probieren Sie die Techniken, die Ansätze, die Spiele aus, die Ihnen relevant erschienen sind. Und schreiben Sie mir, wenn Sie Lust haben, welche Erfahrungen Sie damit gemacht haben, unter

Sabine Asgodom
Asgodom Live
Prinzregentenstr. 85
81675 München
info@asgodom.de

Meine einzige Bedingung: Wenn Sie die Impulse publizieren, auch in Ausschnitten, müssen Sie mein Copyright beachten. Die Urheberrechte für alle 25 Übungen, wie ich sie beschrieben und genannt habe, liegen nach wie vor bei mir. Wenn Sie etwas davon zitieren, weisen Sie bitte auf die Quelle, nämlich dieses Buch, hin.

Zum Thema Weiterbildung: Ich biete neben der beruflichen Einzelberatung von Coaches auch eine Ausbildung in »Lösungsorientiertem Kurzcoaching« (LOKC-Methode) für Coaches mit Grundausbildung oder andere befähigte Menschen an. Falls Sie Interesse daran haben, lassen Sie sich bitte Infomaterial zuschicken über
asgodom@coach-of-coaches.de.

Wenn Sie generell am Thema Coaching interessiert sind, vor allem an der neueren Forschung aus der Positiven Psychologie, weise ich Sie gern noch auf das Weiterbildungsmagazin *Coaching heute* hin, das ich zusammen mit meinem Mann, Diplom-Psychologe Siegfried Brockert, herausgebe. Sie können alle Ausgaben, die seit 2009 veröffentlicht wurden, kostenlos downloaden auf der Seite

www.coaching-heute.de.

Dankbarkeit macht glücklich

Das haben die Wissenschaftler der Positiven Psychologie herausgefunden. Und zwar macht Dankbarkeit nicht nur den glücklich, bei dem sich artig bedankt wird, sondern vor allem den, der dankbar ist. Deshalb hier noch einige Zeilen zum Glück.

Ich hätte dieses Buch so nicht schreiben können ohne die Unterstützung, den wissenschaftlichen Input, die Ermutigung und Geduld meines Mannes, Siegfried Brockert. In vielen Gesprächen habe ich ihm meine Art des Coachens erklärt, und das hat der Klärung in meinem Kopf sehr geholfen: Was mache ich da, warum mache ich das so und warum funktioniert es?

Ich bedanke mich bei meinen rund 700 Coaching-Klienten und Tausenden von SeminarteilnehmerInnen, an denen ich seit 20 Jahren erleben darf, wie beglückend die Begleitung von Menschen auf dem Weg zu ihrer Lösung ist, und für die vielen Praxisbeispiele, die ich natürlich so verändert habe, dass sie nicht zu identifizieren sind.

Ich bedanke mich beim Bayerischen Fernsehen, das mir die Möglichkeit gegeben hat, Coaching nach der LOKC-Methode in meiner eigenen Sendung *Sabine Asgodom* zu zeigen.* Mein Dank gilt dabei vor allem Annette Siebenbürger und Iris Messow-Ludwig, Helge Rösinger und Christian Nöbel sowie den Kollegen der Neuen Deutschen Fernsehproduktion (ndf), vor allem Hansjörg Füting, Michael Mildner, Andrea Bussmann und Martin Wohlfahrt.

---

* Die genauen Sendetermine entnehmen Sie bitte der Website www.br.de/asgodom.

Ich danke der Programmleiterin des Kösel-Verlags, Dagmar Olzog, die die Idee für dieses Buch begeistert aufgenommen hat, sowie meinem Lektor Gerhard Plachta, der mit Akribie und nie enden wollender Geduld die Entstehung dieses Buches begleitet hat.

München, im Dezember 2011
Sabine Asgodom

Literaturhinweise

Asgodom, Sabine u.a.: *Die Frau, die ihr Gehalt mal eben verdoppelt hat ... 25 verblüffende Coaching-Geschichten*, München: Kösel, 4. Aufl. 2011

Asgodom, Sabine (Hrsg.): *Generation Erfolg. So entwickeln Sie Persönlichkeit*, München: Kösel 2010

Ben-Shahar, Tal: *Glücklicher. Lebensfreude, Vergnügen und Sinn finden mit dem populärsten Dozenten der Harvard University,* München: Goldmann 2010

Biswas-Diener, Robert; Dean, Ben: *Positive Psychology Coaching. Putting the Science of Happiness to Work for Your Clients,* Hoboken/NJ: John Wiley & Sons 2007

Biswas-Diener, Robert; Dean, Ben: *Practicing Positive Psychology Coaching. Assessment, Activities and Strategies for Success,* Hoboken/NJ: John Wiley & Sons 2010

Bock, Petra: *Mindfuck. Warum wir uns selbst sabotieren und was wir dagegen tun können,* München: Knaur 2011

Cramer, Gunnar; Furuholmen, Dag: *Ich coache mich selbst! Das Erfolgstraining gegen Stress, Angst und andere Belastungen. Der Ratgeber für ein selbstbewussteres Leben,* München: Humboldt 2010

Czichos, Reiner: *Coaching = Leistung durch Führung*, München: Ernst Reinhardt, 3. Aufl. 2002

Erickson, Milton H.: *Die Lehrgeschichten von Milton H. Erickson*, Salzhausen: Iskopress (Nachdruck) 2006

Essex, Arielle: *Coaching mit Herz und Verstand. Heile dein Leben und erwarte Wunder*, Frankfurt/M.: EchnAton 2010

Goldsmith, Marshall: *Was Sie hierher gebracht hat, wird sie nicht weiterbringen. Wie Erfolgreiche noch erfolgreicher werden,* München: Goldmann 2009

Hormann, John: *Future Work. Signale für das Leben im 3. Jahr-*

tausend, Wiesbaden: Universum, 2., vollst. überarb. Aufl. 1998

Hüther, Gerald: *Was wir sind und was wir sein könnten. Ein neurobiologischer Mutmacher,* Frankfurt/M.: S. Fischer, 7. Aufl. 2011

Hüther, Gerald; Michels, Inge: *Gehirnforschung für Kinder. Felix und Feline entdecken das Gehirn,* München: Kösel, 3. Aufl. 2011

Koller, Christine; Mol, Katarzyna (Hrsg.): *In mir steckt noch viel mehr. 21 Profis zeigen, wie Sie Ihr Potenzial nutzen. Das Coaching-Handbuch,* München: Kösel 2011

Koller, Christine; Rieß, Stefan (Hrsg.): *Jetzt nehme ich mein Leben in die Hand. 21 Coaching-Profis verraten ihre effektivsten Strategien,* München: Kösel, 4. Aufl. 2011

Landsberg, Max: *Das Tao des Coachings. Effizienz und Erfolg durch meisterhafte Führung,* Frankfurt/M.: Campus 1998

Lindner, Erik: *Coachingwahn. Wie wir uns hemmungslos optimieren lassen,* Berlin: Econ 2011

Linley, P. Alex; Harrington, Susan; Garcea, Nicola: *Oxford Handbook of Positive Psychology and Work,* Oxford: Oxford University Press 2010

Luciani, Joseph J.: *The Power of Self Coaching. The Five Essential Steps to Creating the Life You Want,* Hoboken/NJ: John Wiley & Sons 2004

Miedaner, Talane: *Coach dich selbst, sonst coacht dich keiner. 101 Tipps zur Verwirklichung Ihrer beruflichen und privaten Ziele,* München: mvg, 13. Aufl. 2010

Migge, Björn: *Handbuch Coaching und Beratung. Wirkungsvolle Modelle, kommentierte Falldarstellungen, zahlreiche Übungen,* Weinheim: Beltz, 2., überarb. Aufl. 2007

Nöllke, Matthias: *In den Gärten des Managements. Für eine bessere Führungskultur,* Freiburg: Haufe 2011

Peterson, Christopher: *A Primer in Positive Psychology,* Oxford: Oxford University Press 2006

Rogers, Carl C.; Stevens, Barry: *Von Mensch zu Mensch. Möglichkeiten, sich und anderen zu begegnen,* Wuppertal: Peter Hammer 2000

Rogers, Carl R.: *Die nicht-direktive Beratung,* Frankfurt/M.: Fischer-TB, 13. Aufl. 1985

Rückle, Horst: *Coaching. So spornen Manager sich und andere zu Spitzenleistungen an,* Landsberg: Moderne Industrie 2001

Schley, Vera; Schley, Wilfried: *Handbuch Kollegiales Teamcoaching. Systemische Beratung in Aktion,* Innsbruck: StudienVerlag 2010

Schlieper-Damrich, Ralph (Hrsg.): *Wertecoaching in Krisen. Aus erschütternden Situationen sinnvoll aufbrechen,* Bonn: ManagerSeminare 2011

Schmidt-Tanger, Martina: *Veränderungscoaching. Kompetent verändern. NLP im Changemanagement, im Einzel- und Teamcoaching,* Paderborn: Junfermann, 3. Aufl. 2005

Seligman, Martin: *Flourish – Wie Menschen aufblühen. Die Positive Psychologie des gelingenden Lebens,* München: Kösel 2012

Siegel, Ronald D.: *The Mindfulness Solution. Everyday Practices for Everyday Problems,* New York: The Guilford Press 2010

Simon-Adorf, Ute: *Was Sie schon immer über Coaching wissen wollten ... Antworten auf 53 wichtige Fragen,* Paderborn: Junfermann 2008

Volk, Theresia: *Unternehmen Wahnsinn. Überleben in einer verrückten Arbeitswelt,* München: Kösel 2011

Wellensiek, Sylvia Kéré: *Handbuch Integrales Coaching. Praxis und Theorie für fundierte Einzelbegleitung. Hintergrundwissen, Tools und Übungen,* Weinheim: Beltz 2010

Witt-Bartsch, Angela; Becker, Thomas: *Coaching im Unternehmen,* Freiburg: Haufe 2010

Coaching mit Sabine Asgodom

Psychologie & Lebenshilfe

12 SCHLÜSSEL ZUR GELASSENHEIT
So stoppen Sie den Stress
ISBN 978-3-466-30657-2

GREIF NACH DEN STERNEN
24 Erfolgsgeheimnisse für Glück, Geld und Gesundheit
ISBN 978-3-466-30721-0

Sabine Asgodom (Hrsg.)
DIE FRAU, DIE IHR GEHALT MAL EBEN VERDOPPELT HAT …
25 verblüffende Coaching-Geschichten
ISBN 978-3-466-30788-3

Sabine Asgodom (Hrsg.)
GENERATION ERFOLG
So entwickeln Sie Persönlichkeit
ISBN 978-3-466-30879-8

www.koesel.de Sachbücher & Ratgeber

KÖSEL